CB060971

A autoridade doutrinal na Igreja
"UM ÚNICO MESTRE"
MATEUS 23,8

GRUPO DOS DOMBES

TRADUÇÃO DENISE KATCHUIAN DOGNINI

Edições Loyola

Título original:
Un seul Maître – L'autorité doctrinale dans l'Église
© Bayard Éditions, 2005
3 et 5, rue Bayard, 75008 - Paris, France
ISBN 2.227.47457.2

Preparação: Maurício Balthazar Leal
Capa: Walter Nabas
   Ilustração *O lava-pés* (1989), Cláudio Pastro
Diagramação: Flávia Dutra
Revisão: Renato da Rocha

Edições Loyola
Rua 1822, 347 – Ipiranga
04216-000 São Paulo, SP
T 55 11 2914 1922
F 55 11 2063 4275
editorial@loyola.com.br
vendas@loyola.com.br
www.loyola.com.br

Todos os direitos reservados. Nenhuma parte desta obra pode ser reproduzida ou transmitida por qualquer forma e/ou quaisquer meios (eletrônico ou mecânico, incluindo fotocópia e gravação) ou arquivada em qualquer sistema ou banco de dados sem permissão escrita da Editora.

ISBN 978-85-15-01824-6
© EDIÇÕES LOYOLA, São Paulo, Brasil, 2009

SUMÁRIO

APRESENTAÇÃO 11

INTRODUÇÃO 15

CAPÍTULO 1
OS ENSINAMENTOS DA HISTÓRIA: A IGREJA ANTIGA E MEDIEVAL 23

:::::: PRIMEIRA SEÇÃO ::::::   A ÉPOCA DOS PADRES DA IGREJA

I. Os três primeiros séculos 24
    1. O testemunho de Clemente de Roma sobre as exigências da vida em Igreja 24
    2. A autoridade da Igreja na confissão de fé e no cânon das Escrituras 26
    3. Três testemunhos sobre a autoridade doutrinal: Ireneu, Tertuliano, Origenes 29

II. Os grandes concílios orientais e sua teologia 35
    1. O Concilio de Niceia (325) 35
    2. Éfeso (431), o Ato de união (433) e Calcedônia (451) 37
    3. A autoridade do Símbolo reconhecida 40
    4. O Segundo Concílio de Constantinopla (553) e sua crise 40
    5. Constantinopla III (680-681) e o caso de Honório 42
    6. Emergência da autoridade doutrinal do papa 44

III. A autoridade doutrinal no Ocidente após Niceia 45
    1. Agostinho (354-430) 45
    2. Vicente de Lérins (que morreu entre 435 e 450) 48

IV. O papel do primado e dos patriarcas 50

:::::: SEGUNDA SEÇÃO :::::: A ÉPOCA MEDIEVAL

1. Antes da ruptura entre Oriente e Ocidente 52
2. A ruptura com o Oriente e a reforma gregoriana (1049-1128) 53
3. As crises conciliaristas 55

Recapitulação dos ensinamentos obtidos das épocas patrística e medieval 56

CAPÍTULO 2
A REFORMA E A ERA MODERNA 59

:::::: PRIMEIRA SEÇÃO :::::: A TRADIÇÃO PROTESTANTE E A CRISE DA AUTORIDADE

I. A Reforma e os reformadores 59
1. A Escritura, única referência de autoridade 60
2. Liberdade individual e consciência comunitária 62
3. As quatro referências da autoridade normativa 64
4. A unidade doutrinal, garantia da unidade eclesial 66

II. A tradição protestante após a Reforma 67
1. A autoridade da consciência individual 67
2. A autoridade, um dom teológico 68
3. A autoridade conferida ao poder político 70
4. A unidade doutrinal na diversidade institucional 71
5. Uma autoridade contestável e frequentemente contestada 73
6. Uma dinâmica instável 74
7. Da ambivalência à crise 75

Recapitulação dos desafios da Reforma e da tradição protestante 77
1. Uma contestação recorrente 77
2. A hierarquia das autoridades e sua contestação 78
3. Da normatividade à exemplaridade 79
4. O círculo vicioso da autoridade entre os protestantes? 80

:::::: SEGUNDA SEÇÃO :::::: NA IGREJA CATÓLICA, A NOVA FIGURA DO MAGISTÉRIO "VIVO"

1. O Concílio de Trento 81
2. A recepção do concílio 83
3. As resistências ao fortalecimento da autoridade pontifical 84

4. De Trento ao Vaticano I 86
5. O Concílio Vaticano I 88
6. Do Vaticano I ao Vaticano II 92
7. O Concílio Vaticano II 93
8. Desde o Vaticano II 96

Conclusão 98

CAPÍTULO 3
A ESCRITURA, LUGAR DE DISCERNIMENTO DESTE PERCURSO HISTÓRICO 101

I. Os evangelhos sinóticos 102
    1. A autoridade soberana de Jesus 102
    2. A transmissão da autoridade de Jesus aos discípulos 104
    3. Autoridade da comunidade e autoridade dos Doze 104
    4. A figura de Pedro e seu papel 105

II. A autoridade doutrinal em Lucas e nos Atos 106

III. A literatura das epístolas paulinas 109
    1. As primeiras cartas de Paulo 109
    2. As cartas aos Colossenses e aos Efésios 111
    3. As cartas pastorais 112

IV. Os escritos joaninos 116

V. O cânon do Novo Testamento 120

Conclusões sobre a Escritura 120

CAPÍTULO 4
PROPOSTAS DOUTRINAIS 123

I. Um consenso diferenciado 124
    1. A autoridade dos textos 124
    2. A autoridade de comunidades e de pessoas 128
    3. A autoridade das instâncias institucionais 132
    4. O funcionamento concreto dessas instâncias 134

II. Um diagnóstico das divergências que permanecem 135
    1. As divergências a respeito da Igreja 136
    2. Divergências sobre a autoridade outorgada à pessoa do fiel 138
    3. Duas imagens divergentes e simplificadoras da Igreja 142
    4. Uma consideração diferente dos textos 143

5. Uma consideração diferente de comunidades e pessoas..........146
6. Um funcionamento diferente das instâncias..........149
III. Propostas para superação dessas dificuldades..........152
1. Por uma reconciliação sobre a Igreja e os efeitos da salvação..........153
2. Por uma reconciliação a respeito dos textos..........154
3. Por uma reconciliação de comunidades e de pessoas..........157
4. Por uma reconciliação sobre o funcionamento das instâncias..........158

CAPÍTULO 5
PELA CONVERSÃO DAS IGREJAS..........161
I. O que concerne aos textos..........164
1. Nossa referência à Escritura..........164
2. Confissões de fé, concílios e outros documentos: a hierarquia dos textos..........166
II. O que concerne às comunidades..........169
1. A autoridade da consciência..........169
2. Senso da fé dos fiéis, debate e corresponsabilidade..........171
3. Unidade não significa uniformidade..........172
III. O que concerne às autoridades colegiadas..........174
IV. O que concerne às pessoas..........177
1. A autoridade dos ministros..........177
2. A autoridade doutrinal do ministério de unidade e de comunhão..........178
3. A difícil questão da infalibilidade..........180
V. A circulação da autoridade..........183
Conclusão: a serviço de uma unidade ao mesmo tempo dada e por fazer..........185

CONCLUSÃO..........187

LISTA DE PARTICIPANTES
Participaram da elaboração deste texto ao longo dos encontros de 1999 a 2004 na Abadia de Pradines..........191

ABREVIAÇÕES..........193

ÍNDICE DAS CITAÇÕES BÍBLICAS..........195

Jesus disse a seus discípulos: "Quanto a vós, não vos façais chamar de 'rabi', pois *um só é vosso mestre* e todos vós sois irmãos. Não chameis a ninguém na terra de 'pai', pois um só é vosso Pai, aquele que está nos céus. Não deixeis que vos chamem de 'guia', pois um só é vosso Guia, o Cristo. Pelo contrário, o maior dentre vós deve ser aquele que vos serve. Quem se exaltar será humilhado, e quem se humilhar será exaltado" (Mt 23,8-12).

À memória
do pastor Alain Blancy
e do padre Bruno Chenu,
copresidentes do Grupo dos Dombes
que hoje vivem na paz de Deus

APRESENTAÇÃO

O Grupo dos Dombes calou-se depois da publicação de seu documento a respeito de *Maria*, em 1999. Desde então, foi submetido a uma dupla provação. Sucessivamente, e como resultado de doenças semelhantes, seus dois copresidentes foram prematuramente chamados à presença de Deus: o pastor Alain Blancy, em setembro de 2000, e o padre Bruno Chenu, em maio de 2003. Como sinal de gratidão pelo engajamento ecumênico deles, pelo serviço fiel que prestaram durante os longos anos de participação nos serviços do Grupo e pela atividade a que se entregaram em nome de sua responsabilidade, nós lhes dedicamos estas páginas. Não ousamos mencioná-los entre os autores, mas podemos dizer que ambos contribuíram enormemente para a realização desta obra e não duvidamos de que, se estivessem entre nós, a teriam assinado.

Ao longo desses anos, nosso Grupo transformou-se e rejuvenesceu. A partida dos monges cistercienses da Abadia dos Dombes fez que o grupo estabelecesse nova sede na Abadia beneditina de Pradines, onde recebe uma acolhida calorosa e se encontra apoiado pelas orações de uma comunidade ardorosa. A lei não escrita — quase todas as "leis" de nosso pequeno grupo são leis não escritas — que prevê o desligamento aos 75 anos ou no fim de uma obra tem sido respeitada com fidelidade e permitido a eleição de novos membros em plena atividade. O Grupo está aberto à participação de cinco mulheres, e este número deve crescer no futuro. Nós permanecemos, sem dúvida, um grupo de cristãos ocidentais, católicos e protestantes, e não temos ortodoxos entre nós, mas estamos abertos a questões orientais e prontos, como já ocorreu em ocasiões passadas, a convidar especialistas ortodoxos para que eles se façam escutar. Durante esse período, a atenção ao diálogo inter-religioso cresceu sensivelmente. Nossa convicção é de que essa atenção não diminui em nada a urgência do diálogo ecumênico, mas somos convidados a não esquecer o lugar deles, respeitando as evidentes especificidades de ambos.

Por que escolhemos abordar um tema tão difícil e tão sensível como o da autoridade doutrinal na Igreja? Porque para nós esse é um ponto nodal no diálogo entre nossas Igrejas. A paciente caminhada em direção à unidade visível não poderá progredir se essa questão, centrada em pontos particulares, mas com uma solução possível, não for pensada em toda a sua relevância. Não escondemos que a esse respeito somos impelidos a agir. Duas razões conjunturais nos impelem igualmente: as tensões recentemente sentidas diante do tom de certas tomadas de posição do lado católico com a contrapartida da tendência a relativizar toda forma de autoridade doutrinal assumida pelas Igrejas da Reforma, e a grande esperança constituída pela assinatura oficial da *Declaração conjunta sobre a doutrina da justificação da Federação Luterana Mundial e da Igreja Católica*. Não surpreende que esta referência seja retomada várias vezes nestes capítulos. Este novo passo se inscreve justamente na linha de nossos documentos precedentes: eucaristia e ministério, sacramentos, ministério de comunhão na Igreja universal, conversão de Igrejas.

Nosso método de trabalho permaneceu fiel a si mesmo, sem, no entanto, se privar das inovações. De diversos pontos de partida, progressivamente construímos um esquema que se desenvolveu ano a ano e atingiu a marca de sete projetos consecutivos. Mantivemos nossa opção, que consiste em abordar a história antes de interrogar as Escrituras. Mas as duas linhas de pesquisa são, na prática, tratadas simultaneamente e se enriquecem mutuamente. Não seria inútil lembrar a que oração é parte relevante desse método, e que ele está inserido em uma comunidade de vida, durante nossos encontros e na convivência prolongada ao longo dos anos. Esses fatores, sem dúvida mais difíceis de ser discernidos por aquele que lê nossos textos, são essenciais à nossa caminhada e permitem que ela seja fecunda. O Grupo dos Dombes é um lugar ecumênico de transparência, onde tudo pode ser dito. Seria plausível pensar que o tema da autoridade doutrinal se revelaria uma ocasião de afrontamentos ou de reprimendas mútuas, um apresentando ao outro a fragilidade do funcionamento eclesial alheio e levando sua descrição às raias da caricatura. Isso não ocorreu: cada um, ao contrário, procurou colocar-se do ponto de vista de seu irmão, para melhor compreender com coerência e se enriquecer. Cada um tornou-se mais consciente da necessidade, nesse assunto, de uma conversão de todas as Igrejas.

Não podemos esconder a relativa tecnicidade de tal documento, já manifestada por seu tamanho. A complexidade do tema assim o exigiu. Não é possível abordar um assunto árduo com algumas banalidades generosas, que estariam condenadas à insignificância. Essa complexidade advém em particular do fato de que estamos de acordo, católicos e protestantes, sobre as referências fundamentais da autoridade doutrinal (textos, pessoas, comunidades etc.), mas articulamos de maneira muito diferente essas referências comuns. O lugar do consenso é o lugar mesmo da divergência. Esta consideração deu o tom à construção dos capítulos IV e V. Fazemos igual e constantemente referência às três dimensões eclesiológicas — pessoal, colegiada e comunitária — diagnosticadas no relatório *Fé e constituição*, de Lausane, em 1927, e várias vezes retomadas em nossos documentos. Essa três dimensões estão, para nós, perfeitamente ilustradas por nossa história comum — antes da ruptura do século XVI — e totalmente fundamentadas nos testemunhos das Escrituras.

O público ao qual nos dirigimos é diversificado. Desejamos sempre falar aos fiéis batizados de nossas Igrejas, todos interessados essencialmente pelo funcionamento da autoridade doutrinal. Mas queremos também que nossas reflexões tenham credibilidade teológica e, para isso, sejam historicamente fundamentadas. Desejamos, enfim, que as autoridades da Igreja deem atenção a nossas reflexões, para que se interroguem sobre sua pertinência e nelas se inspirem em sua prática e no quadro dos diálogos oficiais que promovem. É por essa razão que utilizamos dois tipos de caracteres gráficos nos dois capítulos históricos (I e II). O leitor poderá perfeitamente acompanhar a argumentação e compreender as conclusões lendo apenas o que está grafado em letras de mesmo tamanho das de todo o restante do livro. Aquele que desejar verificar precisamente em quais dados históricos baseamos nossa argumentação poderá ler o texto que se encontra impresso em recuo, em letras menores.

Fazemos votos de que este documento de boa-fé seja recebido por nossas Igrejas pelo que ele é, esperando ter sido fiéis à convicção paulina: "Por causa do Evangelho eu faço tudo" (1Cor 9,23).

PADRE BERNARD SESBOÜÉ   PASTOR JEAN TARTIER

INTRODUÇÃO

Por que a autoridade?

:: **1** :: A autoridade constitui um problema em nossa sociedade. Trata-se da consequência da profunda mutação cultural que enfrentamos e que faz desaparecer um bom número de fundamentos nos quais se apoiava o exercício tradicional da autoridade. Tal mutação é acompanhada pela ascensão do individualismo como valor último. A tomada de consciência do pluralismo cutural acentua ainda mais a dificuldade. Depois da constestação violenta da autoridade no Ocidente a partir dos anos 1960, muitas pessoas assumem, frequentemente, uma posição de indiferença e de relativização das autoridades, sejam elas civis ou políticas, espirituais ou morais. A classe política é muitas vezes desacreditada, e o engajamento (sindical, associativo, religioso) é mais raro que outrora. Em suma, em nosso mundo a autoridade está em crise.

:: **2** :: Como consequência inevitável, a autoridade também representa um problema em nossas Igrejas. Elas não só exerciam uma autoridade sobre seus fiéis, admitida sem questionamentos, mas dispunham também de um certo poder moral sobre a sociedade. Isso já não ocorre. Do lado católico, ainda que os fiéis tenham, de forma mais ou menos majoritária, uma atitude de obediência e de confiança em face da autoridade, eles se inserem na cultura da recepção liberal e crítica. A relativização da autoridade corresponde preferencialmente à cultura protestante. Mas, dada a característica pluralidade deste grupo, esse déficit de autoridade constitui um obstáculo para o testemunho das comunidades cristãs. Portanto, podemos dizer, igualmente, que a autoridade está em crise em nossas Igrejas.

:: 3 :: As grandes dificuldades atuais nos remetem à história e também às fontes da vida eclesial. O Novo Testamento nos apresenta o testemunho ao longo das diversas crises que a Igreja apostólica superou. De outro lado, a dificuldade no que diz respeito à autoridade normalmente se exacerba a cada vez que a sociedade enfrenta uma crise. Essa dificuldade pode ser encontrada várias vezes ao longo da história e, em particular, de maneira grave no século XVI. Certos abusos de autoridade ou de poder da Igreja medieval estiveram entre as razões do desenvolvimento irrefreável da Reforma e da ruptura da unidade eclesial. O exercício da autoridade constitui, portanto, um tema de reflexão eminentemente ecumênico.

:: 4 :: No entanto, a autoridade não constitui apenas uma questão funcional na Igreja. Ela é antes de mais nada concebida como um dom do Cristo à sua Igreja: "Todo o poder me foi dado no céu e na terra. Ide, então, fazei de todos os povos discípulos, batizando-os em nome do Pai e do Filho e do Espírito Santo, ensinando-os a guardar tudo o que vos mandei" (Mt 28,18-20). É por isso que a autoridade interessa à nossa fé. Este dom foi ordenado para o bem, ou seja, a serviço dos maiores bens que Deus deseja para os homens e as mulheres de nosso mundo.

:: 5 :: Não temos a intenção de dar uma visão geral dos problemas apresentados pela autoridade na vida de nossas Igrejas, pois essa seria uma tarefa desmesurada. Nós nos limitaremos à *autoridade doutrinal*, isto é, à missão de anunciar e ensinar o que a Igreja recebeu do Cristo.

:: 6 :: De fato, já abordamos o tema geral da autoridade no que respeita à questão dos ministérios[1], o qual não retomaremos da mesma forma. Mas acreditamos que o tema da ação da autoridade doutrinal apresenta-se atualmente de maneira aguda, pois envolve a credibilidade da pregação e da transmissão

---

1. *Pour une réconciliation des ministères*, Presses de Taizé, 1973; *Le ministère épiscopal*, Presses de Taizé, 1976; *Le ministère de communion dans l'Église universelle*, Centurion, 1986; cf. *Pour la communion des Églises*. L'apport du Groupe des Dombes, 1937-1987, Paris, Centurion, 1988.

da fé. Já os coríntios recriminavam Paulo dizendo que "sua palavra era nula" (2Cor 10,10). As Igrejas da atualidade enfrentam uma experiência análoga e graves contradições.

:: **7** :: Esta dificuldade é, por um lado, uma questão de linguagem. O discurso eclesial parece exilado às margens de nossa cultura. As Igrejas têm dificuldades cada vez maiores em se fazer compreender, mas essas dificuldades mantêm também os modos de funcionamento de suas instituições, que constituem igualmente uma linguagem. Por outro lado, nem todos os modos e âmbitos de expressão exercem a mesma autoridade. Enfim, enfrentamos o problema da "hierarquia das verdades"[2].

:: **8** :: No terreno da autoridade, a Igreja Católica e as Igrejas da Reforma tomaram caminhos bem diferentes, para não dizer divergentes. É por isso que nos parece necessário ir ao cerne do problema, verificando o fundamento do dom da autoridade, analisando seu papel no mistério da Igreja e na estrutura concreta das Igrejas, bem como estudando seus modos de funcionamento. Uma autoridade perfeitamente legítima e fundamentada pode "derrapar" conforme o modo como é exercida e assim contradizer o testemunho do Evangelho que a fundamenta.

:: **9** :: Em resumo, até que ponto vão nossas divergências na concepção da autoridade? Gostaríamos, uns e outros, de ter a coragem de ir a fundo nessa dificuldade a ponto de não poder retroceder. Mas esperamos também apresentar propostas que possam nos conduzir à via da reconciliação eclesial.

Autoridade e poder

:: **10** :: Antes de apresentar nosso plano de trabalho, acreditamos que seja útil dar algumas indicações sobre a distinção entre autoridade e poder na sociedade e na Igreja.

---

2. Concílio Vaticano II, *Unitatis Redintegratio* (n. 11): os teólogos devem "lembrar-se de que há uma ordem ou uma 'hierarquia' de verdades da doutrina católica, em razão de sua relação diferente com o fundamento da fé cristã". Cf. *Marie dans le dessein de Dieu et la communion des saints*, Paris, Bayard/Centurion, 1999, p. 127, nº 242, nota 1.

:: **11** :: No que concerne à *autoridade*, a palavra e o conceito podem ser compreendidos de diversas maneiras. De fato, a autoridade (do latim *auctor*, fundador, instigador) exclui todo o recurso à restrição física, na medida em que ela se exerce sobre sujeitos que reconhecem tanto as "autoridades" estabelecidas como a "autoridade" exercida. Daí, distinguimos dois tipos de autoridade: a autoridade funcional, delegada e relativa, e a autoridade pessoal, carismática e integral. Ser uma autoridade que tem autoridade, é este o ideal. Pois o "ser sem ter" conduz a um poder definido como crescente, ao passo que "ter sem ser" se traduz por uma fraqueza que reduz à diminuição.

:: **12** :: Quanto ao *poder*, ele se define como a aptidão para perpetrar ações eficazes. Em si, é legítimo e bom, mas é sempre um risco que se torne *abuso de poder*. Enquanto a autoridade convence, o abuso de poder subjuga: a autoridade que está a serviço é substituída por um poder do tipo dominador. É por esta razão que a democracia tenta construir e proteger os laços sociais e o pacto de vida comum, confiando o poder e seus meios legais àqueles que são eleitos para exercer a autoridade política[3]. Mas o caráter cada vez mais complexo das qualidades que devem ser consideradas na ocasião de efetuar as escolhas coloca em destaque a noção de competência e, portanto, a de "autoridade de competência", que algumas vezes age em conjunto com a autoridade estabelecida. Em decorrência desse fato, alguns analistas da situação contemporânea falam de uma possível "degenerescência da democracia" e da passagem ao estado de "oligarquia", no qual a confiança é depositada nos especialistas, sob o risco de um neoclericalismo tecnocrático dominado pelo poder daqueles aos quais demos crédito.

---

3. Todo sistema de poder comporta uma tensão irredutível, cuja redução a um dos polos constituiria seu fim, tensão bem evidenciada por Paul Ricoeur: "Sempre considerei o descompasso entre a utopia não violenta e o sentimento de que algo de irredutível subsiste na relação de governança [...], a dificuldade de articular uma relação assimétrica e uma relação de reciprocidade. Quando [...] alguém é titular da relação vertical, nós não cessamos de tentar lhe conferir uma legitimidade própria da relação horizontal; essa legitimidade, no fim, só é perfeitamente autêntica se faz desaparecer completamente a assimetria ligada à relação institucional vertical; ora, essa relação vertical não poderia desaparecer totalmente, pois é irredutível: a instância de decisão não pode jamais corresponder perfeitamente à representação ideal de uma democracia direta, na qual todos participam efetivamente de cada tomada de decisão" (*La critique et la conviction*, Paris, Calmann-Lèvy, 1995, p. 65).

:: **13** :: A consideração dessas duas realidades, *autoridade* e *poder*, naturalmente evidencia pontos de aplicação na própria instituição eclesial. Aparentemente, o que causa problemas em nossas Igrejas não é a primeira assertiva do Credo: "Creio em Deus-Pai", nem as que afirmam os grandes dons cristãos, como a encarnação, a redenção e a ação do Espírito Santo, mas sim a confissão de crermos na "Igreja una, santa, católica e apostólica". Ainda que seja objeto de fé, a noção de Igreja tornou-se frequentemente um alvo de contestação — e até de confronto — entre concepções diferentes de autoridade doutrinal, de poder eclesial e de seu exercício. Daí a dificuldade de separar o que aparentemente está de acordo com a fé comum e o que nos parece dever ser reformado: esse discernimento está por fazer, e é urgente que se faça.

:: **14** :: Três modalidades de exercício da autoridade são de fato constantemente interativas na vida das Igrejas e dos cristãos:
— A autoridade suprema de Deus, que se exerce na consciência individual, na decisão íntima e última.
— A autoridade procedente das Escrituras, recebidas como Revelação e interpretadas pela tradição.
— Enfim, a autoridade das instituições que se apresentam como serviço e regulação da fé e da vida cristã: o magistério eclesial (catolicismo) ou a autoridade sinodal (protestantismo).

:: **15** :: É a articulação dessas três modalidades de exercício da autoridade, e por conseguinte do uso do poder, que exprime os desafios do exercício atual da autoridade doutrinal. A tomada de consciência dos riscos e dificuldades assinalados anteriormente deveria sempre nos recomendar que inscrevêssemos nosso trabalho na convicção de que a autoridade doutrinal na Igreja somente pode ser a mesma que a da Igreja inteira, em sua fé e em sua vida.

:: **16** :: Quando nos interrogávamos sobre a autoridade de Jesus, e esse questionamento é sempre atual na Igreja a seu serviço, constatávamos que essa autoridade vinha ao mesmo tempo de uma liberdade de expressão e de um dinamismo que agia com vistas a anunciar o Reino de Deus e manifestar a salvação dos homens (pregação e milagres, sermões e curas). Nesta perspectiva, o problema da autoridade doutrinal da Igreja não se restringe às definições exatas e autorizadas, mas também refere-se aos testemunhos que expressam autoridade pela adequação entre as palavras proferidas e os atos executados.

:: :: :: ::

Nós propomos um plano em cinco capítulos, de acordo com nossa caminhada:

:: **17** :: *Nos dois primeiros capítulos*, proporemos um percurso histórico. Trata-se de agrupar os ensinamentos da história sobre as diferentes figuras do exercício da autoridade doutrinal e suas justificativas. Voltaremos à época particularmente instrutiva dos Padres da Igreja, bem como à Idade Média. Em seguida, situaremos o significado da crise da Reforma para o tema e suas consequências na vida das Igrejas que foram alvo dessa Reforma. Analisaremos também os desenvolvimentos do *magistério vivo* na Igreja Católica dos últimos séculos[4].

:: **18** :: *Em um terceiro capítulo*, iremos propor um estudo bíblico. Invocaremos o testemunho das Escrituras como *juiz* da tradição. Em que medida a Escritura "autoriza" a autoridade doutrinal na Igreja? E que modelos ela propõe para que a autoridade seja exercida? Estudaremos o grande *corpus* literário do Novo Testamento para recuperar a mensagem sobre nosso tema.

:: **19** :: *No quarto capítulo*, registraremos o grande inventário de referências à autoridade doutrinal que nos é comum, para depois constatarmos que a maneira como nos posicionamos em relação a elas reflete-se na manifestação de nossas divergências. O lugar de nossos acordos é o mesmo de nossas dificuldades. Enfim, arriscaremos proposições doutrinais e ecumênicas sobre os pontos mais sensíveis, na esperança de realizar um "consenso diferenciado"[5].

---

4. Esta pesquisa revelou-se mais longa, mas também mais rica, do que prevíamos. O dossiê que apresentaremos faz jus a dados históricos complexos, que deviam ser analisados com bastante precisão. É por essa razão que ao longo desses capítulos haverá uma diferenciação no texto: os parágrafos grafados em letras de mesmo tamanho das de todo o restante do livro permitem que o leitor siga o essencial dos ensinamentos; os parágrafos impressos em recuo, em letras menores, apresentam as necessárias justificativas históricas.

5. Esta expressão é frequentemente empregada para avaliar o conteúdo da *Declaração comum sobre a justificação* (cf. n.14 e 43 deste documento), assinada em 1999 pelas autoridades da Igreja Católica e das Igrejas da Federação Luterana Mundial (publ.: *La doctrine de la justification*, Paris, Bayard/Fleurus-Mame/Cerf/Labor et Fides, 2000). Ela expressa que um consenso fundamental sobre o que é central, a

:: **20** :: *No quinto e último capítulo*, persuadidos da solidariedade entre o discurso e a ação, convidaremos nossas respectivas Igrejas a jornadas de conversão concreta em nossos procedimentos, a fim de ajudá-las a atingir a unidade desejada pelo Cristo. O desejo de se converter ao Evangelho e o desejo de poder se fazer reconhecer como Igreja pelo parceiro deveriam permitir que se lançasse um novo olhar sobre nossas divergências.

---

salvação em Cristo, pode assumir um certo número de diferenças "sem prejudicar a comunhão" e vir a converter as divergências separadoras em diferenças complementares.

CAPÍTULO 1
OS ENSINAMENTOS DA HISTÓRIA: A IGREJA ANTIGA E MEDIEVAL

:: **21** :: Nosso objetivo não é apresentar uma história contínua do exercício da autoridade doutrinal na Igreja, mas antes apontar algumas figuras significativas segundo as quais essa autoridade foi sendo sucessivamente exercida. Gostaríamos de chamar a atenção para certos eventos decisivos ao longo das diversas épocas dos dois mil anos de cristianismo. Da mesma forma, procuraremos esclarecer, de maneira reflexiva, o sentido de cada dossiê para nossa pesquisa.

:: **22** :: Nossa jornada atravessará dois capítulos: estudaremos inicialmente as eras patrística e medieval, e faremos a memória de um passado comum. Um segundo capítulo irá abordar, por um lado, uma parte das orientações "protestatárias" tomadas pelas Igrejas da Reforma e, por outro, a evolução centralizadora vivida pela Igreja Católica no decorrer da Era Moderna.

:::::: PRIMEIRA SEÇÃO :::::: A ÉPOCA DOS PADRES DA IGREJA

:: **23** :: A época patrística vivencia uma ruptura com o evento da conversão de Constantino (318) e o surgimento dos concílios ecumênicos. No decorrer dos três primeiros séculos, a autoridade doutrinal se exerce em particular pela determinação do cânon das Escrituras e pela elaboração da regra de fé[1]. Ela se exprime pelo ensinamento recebido de grandes testemunhos da fé que se expressam no seio de Igrejas recentemente presididas por sacerdotes. Recolheremos os relatos das confissões de fé e do cânon das Escrituras, o testemunho de Clemente de Roma e o das três grandes figuras de Ireneu, Tertuliano e Orígenes. Note-se que dos três apenas o primeiro era "bispo".

:: **24** :: Após a adesão do Império Romano ao cristianismo, o principal lugar de exercício da autoridade doutrinal será o dos sete primeiros concílios ecumênicos, que constituem ainda hoje uma base de acordo doutrinal entre as Igrejas do Oriente e do Ocidente[2]. Os quatro primeiros — Niceia (325), Constantinopla (381), Éfeso (431) e Calcedônia (451) — gozam de uma autoridade particular e chegam até a ser comparados aos quatro evangelhos. Reuniremos alguns pontos mais importantes do ensinamento proporcionado pela atuação desses concílios na vida da Igreja, bem como sua recepção.

I. Os três primeiros séculos

1. O testemunho de Clemente de Roma sobre as exigências da vida em Igreja

:: **25** :: No final do século I, há uma grave dissensão na Igreja de Corinto. Não se respeitam mais os encarregados de dirigi-la. A discórdia é tão grande que o bispo de Roma, Clemente, pensa ser necessário intervir. Ele não se dirige aos seus membros em nome de uma autoridade de jurisdição, mas como um irmão escreve aos irmãos, para mostrar-lhes qual é o caminho da paz, que é o mesmo da fé. Em sua carta aos cristãos de Corinto, ele ressalta de que maneira a prática das virtudes evangélicas — como a humildade e a concórdia, mas tam-

---

1. A "regra de verdade" ou regra de fé é uma expressão cara a Ireneu para resumir o conteúdo daquilo que é normativo para a fé cristã, em particular o testemunho das Escrituras e o Símbolo de fé ou Credo.

2. Não ignoramos que no contexto cultural e teológico da época os concílios de Éfeso e da Calcedônia não puderam ser recebidos por todas as Igrejas (muitas vezes nos referiremos à Igreja assíria do Oriente e às Igrejas orientais ortodoxas).

bém o seguimento e a obediência — é o sinal de que eles são dignos da bondade de Deus em relação a eles, ele que os escolheu e elegeu. Clemente explica também que cada um é necessariamente útil aos outros. Como em um exército — é uma imagem que ele emprega —, alguns da Igreja são chamados a comandar e ensinar, enquanto outros cumprem as tarefas que lhes são dadas. Assim como não é adequado rejeitar os que dirigem, tampouco é adequado que estes últimos queiram elevar-se acima do batalhão de Cristo, do qual estão a serviço.

:: **26** :: Clemente de Roma intencionalmente aplica aos fiéis, na Igreja, os adjetivos que a Escritura[3] reserva ao povo de Israel, considerando-os povo escolhido, "parte de eleição" e "porção santa", expressões que remetem à dimensão escatológica da Igreja. Essa mesma Igreja, enquanto isso, aguarda ainda a instauração do reino de Deus, que deve chegar segundo a promessa de Jesus Cristo, transmitida pelos apóstolos. Mas observe-se que os apóstolos não estão mais presentes para pregar essa boa-nova. De qualquer maneira, antes de morrer, eles não só designaram homens aprovados pelo Espírito a fim de ordená-los ministros, bispos e diáconos, mas também estabeleceram a regra de que outros os sucederiam em seu ofício, o que se faz, segundo Clemente, com a aprovação de toda a Igreja[4]. As funções eclesiais, em particular a do ensinamento, das quais são encarregados os bispos em conjunto com a diaconia, são de caráter constitutivo da Igreja.

:: **27** :: Quando escreve aos Coríntios para lhes ensinar os princípios éticos da vida cristã em comunidade e a natureza da Igreja, em nome de quem o bispo Clemente o faz? Em seu próprio nome ou em nome da comunidade que o designou para exercer a tarefa de vigilância? Mais de cem anos depois, no último quartel do século II, o bispo Denis de Corinto escreveu ao bispo da Igreja de Roma, Soter, que na Igreja de Corinto ainda se lia a carta escrita por Clemente, enviada outrora pela Igreja de Roma[5]. Isso significaria que Clemente foi o único autor da carta ou que foi um redator em nome da Igreja dos romanos? É

---

3. No final do século I, o Novo Testamento não estava ainda constituído, tampouco todos os seus livros já haviam sido redigidos. É na Escritura judaica, nosso Antigo Testamento, que Clemente se fundamenta.
4. Cf. CLEMENTE DE ROMA, *Epístola aos Coríntios* 42 e 44; SC 167, p. 169 e 173.
5. EUSÉBIO DE CESAREIA, *HE* IV, 23, 11; SC 31, p. 205.

difícil elucidar a questão, mas esta última possibilidade evidencia de maneira concreta quanto ensina a Igreja que também é ensinada.

2. A autoridade da Igreja na confissão de fé e no cânon das Escrituras

:: **28** :: A comunidade cristã primitiva retoma o nome de Igreja, *ekklèsia*, utilizado pela Septuaginta — primeira tradução grega do Antigo Testamento[6] — para designar Israel como povo reunido a fim de render a Deus o culto que lhe é devido. Ela exprime assim a consciência de ser não somente a assembleia daqueles que creem e cultuam a Deus em espírito e verdade, mas também a escolhida e eleita, aguardando a segunda vinda do Cristo. A Igreja em seus primórdios aparece, assim, "entusiasta" no pleno sentido da palavra, e o cristianismo se apresenta menos como uma teologia estritamente definida, com seus artigos de fé imutáveis e obrigações necessárias, do que como lugar de proclamação de uma "boa-nova". Essa boa-nova ou evangelho é o anúncio de que Jesus é o Cristo de Deus, que morreu e ressuscitou. Isto é o que prega a Igreja, isto é o centro de sua fé — "a fé pela qual nós cremos" (*fides qua creditur*). A Filipe, encontrado no caminho de Gaza, o eunuco etíope responde: "Eu creio que Jesus Cristo é o Filho de Deus". Assim, "o que é crido" — o objeto da fé (*fides quae creditur*) — é expresso com o auxílio de fórmulas, de início breves, que em seguida se alongam, na medida em que passa a ser necessário precisar os conteúdos da fé e descartar o que se opõe a ela.

:: **29** :: Parece-nos, portanto, que a confissão de fé é tão antiga quanto a Igreja, pois ela expressa aquilo em que seus membros creem. É ela que legitima a participação deles no Batismo e na Eucaristia. Essa confissão de fé não se resume, no entanto, a uma palavra. Desde que Jesus ordena a seus discípulos confessá-la diante dos homens, a fim de que ele mesmo possa confessá-la diante de seu Pai (Mt 10,32), o contexto mostra que se trata mais de um ato que

---

6. A Septuaginta traduz, de fato, o hebraico *Qahal Yahvé*, "povo de Deus", por *ekklèsia tou Theou*, "Igreja de Deus".

de uma fórmula. Confessar a fé cristã, consequentemente, não deve ser visto como uma maneira de recitar verdades, mas de provar por nossos atos que vivemos com e por aquele que é a verdade e a vida. A peregrina Egéria relatará, por exemplo, que em Jerusalém, no final do século IV, o bispo, antes de inscrever um candidato ao Batismo na lista dos catecúmenos, se informava com os vizinhos do candidato a respeito de sua conduta[7].

:: 30 :: Mas, quando lhes é necessário prestar contas da esperança que os faz agir, os cristãos detalham o que o Cristo os ensinou, o que os apóstolos transmitiram e o que a Igreja sustenta. Essa transmissão de conteúdo da fé (*fides quae creditur*) ocorre particularmente no momento da catequese, explicação oral do Símbolo ao catecúmeno; é a transmissão do Símbolo (*traditio symboli*). O catecúmeno, no final de sua instrução e antes de ser batizado, por sua vez, o repetirá, o "proclamará" (*redditio symboli*).

:: 31 :: A catequese, seguida do Batismo, não é porém o único lugar no qual a fé dos cristãos se exprime em uma confissão. A literatura cristã antiga, começando por certos textos incluídos no cânon do Novo Testamento, mas também nos escritos apócrifos ou patrísticos, é rica de confissões de fé. Algumas são diretamente inspiradas nas Escrituras canônicas, outras querem responder a determinada questão que é então apresentada. É assim que as querelas teológicas, a partir do século II, serão a oportunidade para a redação de confissões de fé, seja por parte de pessoas que querem afirmar abertamente suas tomadas de posição teológicas, seja no momento das primeiras reuniões conciliares locais ou provinciais. A época conciliar que começará com Niceia apresentará a questão dos Símbolos de fé oficiais impondo-se com autoridade às Igrejas[8].

:: 32 :: Em todos os casos, a Igreja tem a consciência de ser depositária de tudo o que vem dos apóstolos. Ela constata, assim, seu caráter apostólico. Ela não se investe deste caráter por si só. Ela se dá conta de que é sobre a tradição dos apóstolos, no primeiro lugar em que ela coloca a Escritura, que ela apoia

---

7. "Ele é de boa conduta? Respeita seus pais? Não é ébrio ou mentiroso?". Egéria, *Journal de voyage* 45, 3; *SC* 296, p. 307.
8. Cf. abaixo nº 68.

sua confissão de fé. Isso traz um duplo problema: o da apostolicidade da Escritura e o de sua infalibilidade[9].

:: **33** :: A constituição do cânon das Escrituras, ou seja, a regra que determina os livros que a integram e os que são excluídos, é o fruto de uma longa evolução que associou a iniciativa do povo cristão em seu conjunto e a regulação das instâncias eclesiais (bispos e concílios). As listas canônicas dos séculos IV e V atestam a quase-conclusão de um processo que, segundo o testemunho de Ireneu, começou no século II. Além de considerações teológicas referentes ao conteúdo dos textos (sua ortodoxia) ou que invocam a autoridade de seus autores (a inspiração), a prática concreta das Igrejas parece ter desempenhado um papel determinante: este é, com efeito, mais frequentemente questão de "recepção", em referência aos critérios de unanimidade, de publicidade e de utilização litúrgica dos textos das Escrituras. Se o princípio de fechamento parece atingido desde o fim do século II, numerosas variantes subsistem ainda nos séculos IV e V.

:: **34** :: A Escritura, mesmo reconhecida como canônica, foi redigida e copiada por homens. Seria ilusório imaginar que eles jamais tivessem podido cometer o mínimo erro material nessa tarefa. De qualquer forma, como assinalava Papias de Hierápolis[10], o objetivo desses homens era ensinar, não enganar, portanto esse risco pode ser desconsiderado. Porque essa Escritura vem da tradição dos apóstolos, ela é para a Igreja o alimento da vida, como ressalta Ireneu, permitindo-se uma exegese do Gênesis bastante surpreendente: "É-nos necessário refugiarmo-nos junto da Igreja, nos aleitarmos em seu seio e alimentarmo-nos das Escrituras do Senhor. Pois a Igreja foi plantada como um paraíso no mundo. 'Tu comerás do fruto de todas as árvores do paraíso', diz o Espírito de Deus. O que significa: 'Come de toda Escritura do Senhor, mas não experimentes o orgulho e não tenhas contato com a dissensão dos heréticos'"[11].

---

9. A infalibilidade é a incapacidade de incorrer no erro, reconhecida à Escritura em virtude de sua inspiração divina.

10. Cf. EUSÉBIO, *HE* III, 39, 15; *SC* 31, p. 157.

11. IRENEU, *CH* V, 20; 2; trad. A. Rousseau, p. 628.

Assim, para o bispo de Lião, a Escritura é para os cristãos, simultaneamente, aquilo pelo qual eles afirmam sua fé e uma advertência contra as seduções e os erros dos heréticos. Tertuliano, quase contemporâneo de Ireneu, anuncia que as Escrituras são instrumentos (*instrumenta*), meios que os cristãos devem saber utilizar para elaborar uma doutrina coerente e um ensinamento sólido[12]. Desta maneira, a Escritura vem a ser considerada tanto a *expressão* da verdade como o *critério* da verdade, o que Gregório de Nissa mais tarde resumirá, ao afirmar: "Nós fazemos da Sagrada Escritura a regra e a medida de nossos dogmas. Apenas aprovamos o que pode estar de acordo com a intenção desses escritos"[13].

3. Três testemunhos sobre a autoridade doutrinal: Ireneu, Tertuliano, Origenes

— *Ireneu (130/140-202 d.C.)*

:: **35** :: Ireneu se confronta com o grande fenômeno da gnose ou do gnosticismo, cuja influência se exerce perigosamente sobre as comunidades cristãs[14]. Sua maneira de tratar desse problema doutrinal e pastoral é significativa. Em um primeiro momento, ele apela à razão, mostrando as incoerências filosóficas e teológicas do sistema gnóstico. Em um segundo momento, ele apela à fé, argumentando a partir do duplo registro do testemunho das Escrituras e da regra da fé ou regra da verdade, respeitada em unanimidade na Igreja. Em nome dessa dupla referência, Ireneu introduz uma doutrina da tradição da fé que ele opõe à tradição gnóstica.

:: **36** :: O trabalho de Ireneu contra a gnose é típico da maneira pela qual se elabora uma "ortodoxia" no século II. De um lado, é um "campeão da fé" que intervém. Em seguida, outros campeões, em particular Orígenes e Hipólito,

---

12. Cf. Tertuliano, *Da prescrição contra os heréticos* 38, 2-3; SC 46, p. 140.
13. Gregório de Nissa, *Diálogo da alma*; PG 46, 49 C.
14. A gnose ou o gnosticismo era uma doutrina fortemente difundida nos meios judaicos, gregos e cristãos: ela professava a superioridade de uma elite da humanidade graças ao conhecimento espiritual dos que a ela pertenciam. A gnose era muito pessimista a respeito das realidades do mundo e do corpo.

retomarão o mesmo combate. A autoridade de suas intervenções provém da recepção que recebem nas Igrejas.

De outro lado, uma dialética intervém entre a heterodoxia e a ortodoxia. O nascimento de uma heterodoxia leva a ortodoxia a se definir e a se explicar; de forma recíproca, a ortodoxia conduz a heterodoxia a uma caracterização mais clara. Os modernos veem aí um processo de exclusão, do qual eles acusam firmemente a ortodoxia. Certamente, devemos lamentar o clima polêmico desses diversos conflitos. Mas, de fato, trata-se de uma evidenciação necessária do conteúdo e da extensão da própria fé. Se houve a exclusão, esta foi recíproca.

:: **37** :: A grande questão que preocupa Ireneu — ao responder aos gnósticos, argumentando sobre as Escrituras — é saber onde pode se encontrar a verdade do Evangelho.

Sua resposta é a seguinte: a verdade do Evangelho se encontra nas Igrejas que guardam a tradição dos apóstolos graças à sucessão pública de bispos/presbíteros aos quais os próprios apóstolos confiaram as Igrejas em sua origem. Essas Igrejas conservam as Escrituras e as interpretam segundo a regra da fé[15].

A importância de Roma, a Igreja de Pedro e Paulo, não lhe confere um monopólio da verdade, pois Smirna e Éfeso são invocadas como testemunhos verídicos da tradição dos apóstolos[16].

> :: **38** :: Quando revê esse assunto, Ireneu gosta de sublinhar as três grandes notas da sucessão apostólica que "garantem" os presbíteros-bispos, que devem ser ouvidos nas Igrejas:
> — a sucessão legítima a partir dos apóstolos no episcopado[17];
> — mas também: "o carisma seguro da verdade segundo a vontade do Pai"; ou "uma palavra sã"; ou "a pureza incorruptível da palavra"; ou ainda "uma conservação imutável das Escrituras, implicando três coisas: uma conta integral, sem adição ou subtração, uma leitura isenta de fraude e, de acordo com as Escrituras, uma interpretação legítima, apropriada, isenta de perigos e blasfêmia";

---

15. Ireneu, *CH* III.1-4.
16. Ibid., III, 3, 4.
17. Ibid., IV, 26, 2.4 e 5; 33, 8. As citações seguintes são retiradas das mesmas passagens.

— e enfim: "uma conduta irrepreensível"; "a integridade inatacável da conduta"; "o dom supereminente do amor".

Estas três notas impedem que compreendamos o magistério da Igreja como um tipo de mecanismo de funcionamento perfeito e o mantém em seu estatuto de fragilidade humanidade e fidelidade evangélica[18].

:: **39** :: Dito isso, que é essencial e se encontra afirmado desde o princípio de seu longo discurso sobre as Escrituras, Ireneu não esquece que a Igreja como um todo recebeu o "dom de Deus"; "nela é que foi depositada a comunhão com o Cristo, ou seja, com o Espírito Santo, fiador da incorruptibilidade, confirmação de nossa fé e escada de nossa ascensão a Deus. [...] Pois onde está a Igreja, lá está também o Espírito de Deus; e onde está o Espírito de Deus, lá estão a Igreja e toda graça"[19].

:: **40** :: Nem tudo está dito com a sucessão apostólica de presbíteros-bispos. Uma longa sequência atribui a interpretação reta das Escrituras ao discípulo espiritual, que na trama do texto toma a forma de um misterioso "presbítero". Esta sequência sobre o discípulo espiritual que julga a todos e não é julgado por ninguém ilustra essa morada do magistério eclesial no coração do cristão[20].

:: **41** :: Da mesma forma que o bárbaro incapaz de ler as Escrituras guarda seu sentido no coração por ação do Espírito, o discípulo espiritual tem como um equivalente do seguro carisma de verdade com o qual o magistério episcopal é agraciado. A articulação da fé batismal sobre o Espírito Santo não lhe confere esse conhecimento verdadeiro, essa espécie de discernimento do sentido das Escrituras, estas também inteiramente espirituais?[21]

Sem atribuir a Ireneu qualquer platonismo nem um temperamento espiritual *à la* Newman, parece que o bispo de Lião inclui entre os carismas inerentes à fé batismal

---

18. Estas três notas já foram evocadas no documento do GRUPOS DOS DOMBES *Por uma reconciliação dos ministérios*, n. 13.
19. IRENEU, *CH* III, 24,1, referindo-se a 1 Corintios 2,15.
20. Ibid., IV, 33, 1-8.
21. Ibid., III 4, 2; IV, 26, 2 e 33, 8; II, 28, 3.

este conhecimento, ou "gnose" autêntica, que permite a interpretação legítima das Escrituras e faculta ao cristão aproximar-se de Deus pelo amor[22].

:: **42** :: A propósito da querela sobre a data da Páscoa, Ireneu exerce diante do papa Vítor — tentado a excomungar as Igrejas da Ásia que seguiam outro calendário — a responsabilidade de um irmão bispo que lembra a um papa autoritário demais o valor primordial da comunhão e o valor secundário de uma exigência litúrgica uniforme: "A diferença do jovem confirma o acordo da fé"[23].

— *Tertuliano (155-200 d.C.)*

:: **43** :: No fim do século II, em seu tratado *Da prescrição contra os heréticos*, Tertuliano pergunta-se por intermédio de quem, quando e a quem chegou a doutrina que nos torna cristãos. O Cristo, explica ele, confiou aos apóstolos a missão de pregar o Evangelho que lhes revelou. Ora, estes o fizeram fundando Igrejas e lhes confiando, por sua vez, a mesma missão. Tal mandato é a medida da verdade anunciada por essas Igrejas pela qual se poderá considerar toda doutrina verdadeira ou, pelo contrário, proveniente da mentira. Essas Igrejas, por outro lado, são todas primitivas e todas apostólicas, já que são uma, o que se percebe mais por seus ensinamentos, baseados na leitura comum das Escrituras apostólicas, do que no exercício recíproco da fraternidade e da caridade.

:: **44** :: Diferentemente das Igrejas apostólicas, que extraem a regra da fé da Escritura transmitida pelos apóstolos, lida e compreendida eclesialmente, os heréticos baseiam suas doutrinas mentirosas na falsificação dessas Escrituras. Tertuliano questiona três dos principais chefes de movimentos heterodoxos: "Com que direito, Marcião, tu promoves cortes em minha floresta? Valentino, em que te baseias para deturpar minhas fontes? Apeles, quem te autoriza a mudar meus limites de lugar?"[24]. Assim, ele mostra de que maneira se falsificam as Escrituras e, ao mesmo tempo, se ensina uma doutrina que não é a da Igreja do Cristo. Como Marcião, podemos am-

---

22. Ibid., IV, 33, 8; II, 26, 1.
23. Em Eusébio de Cesareia, *HE* V, 24, 13.
24. Tertuliano, *Da prescrição contra os heréticos* 37,3; SC 46, p. 139-140.

putar as Escrituras para reter apenas o que nos interessa. Como Valentino, podemos adaptar o Evangelho de acordo com a moda e com o que queremos dizer. Como Apeles, podemos acrescentar novas revelações corroborando o que pretendemos.

— Orígenes (c. 185-253)

:: **45** ::   Nas primeiras décadas do século II, Orígenes está consciente de que muitos cristãos estão em desacordo a respeito de questões por vezes primordiais. Ele propõe, no prefácio de seu *Tratado dos princípios*, uma distinção que possa ajudar a resolver os conflitos doutrinais.

:: **46** ::   Ele lembra ainda que um bom número de pontos foram claramente reconhecidos pela pregação apostólica (por exemplo, a afirmação de que Deus é o criador do Universo ou a de que seu Filho tornou-se homem); é necessário, portanto, ser fiel a essa pregação, "transmitida a partir dos apóstolos por ordem de sucessão e conservada nas Igrejas até agora; e apenas deve-se acreditar na verdade que não esteja em desacordo com a tradição eclesiástica e apostólica"[25].

:: **47** ::   No entanto, prossegue Orígenes, os apóstolos não transmitiram "as razões de suas asserções"; "eles deixaram a tarefa de procurá-las aos que mereciam os dons mais eminentes do Espírito e, sobretudo, que tivessem recebido do próprio Espírito Santo os dons da palavra, da sabedoria e do conhecimento". Paradoxalmente, a determinação do que deve ser objeto da fé abre espaço à pesquisa teológica: os apóstolos não disseram tudo, "para que em seguida, com maior zelo, pelo amor à sabedoria, tivessem em que se exercer"[26]; assim, o que não está ainda definido "deve ser procurado, na medida de nossas forças, a partir da Sagrada Escritura e escrutinado com sagacidade"[27]. Trata-se de, finalmente, fazer "um só corpo doutrinal com a ajuda de comparações e afirmações, as quais se encontram nas Sagradas Escrituras, ou as que teremos descoberto procurando a consequência lógica e seguindo um raciocínio correto"[28].

25. Orígenes, *Tratado dos princípios*, pref., 2; SC 252, p. 79.
26. Ibid., pref., 3; SC 252, p. 79-81.
27. Ibid, pref., 4; SC 252, p. 83.
28. Ibid., pref., 10; SC 252, p. 89.

:: **48** :: A distinção entre o que se impõe como objeto da fé e o que se deixa à livre pesquisa do teólogo fornece, sem sombra de dúvida, um princípio de discernimento nos debates doutrinais. O próprio Orígenes põe em prática esse princípio em seu tratado e não hesita em apresentar livremente suas próprias opiniões sobre os pontos que não foram definidos pela Igreja. É verdade que, em seguida, muitas dessas opiniões lhe valeram uma reputação de "herético". Mas é justo ressaltar que enquanto Orígenes viveu a Igreja ainda não havia se pronunciado sobre tais questões.

:: **49** :: Além disso, a *Disputa de Orígenes com Heráclides* testemunha a maneira deveras notável com que foi tratado, por volta dos anos 244-249, um conflito doutrinal com um bispo acusado de heterodoxia. A controvérsia surgiu na Arábia, acerca de um debate sobre a oração eucarística: naquela ocasião, o bispo Heráclides havia dado a impressão de não sustentar inteiramente a distinção real do Pai e do Filho. Uma conferência episcopal então se reuniu; os bispos expuseram seus pontos de vista, Heráclides fez sua própria profissão de fé, e então Orígenes, que fora convidado, iniciou a discussão com o bispo. Como Heráclides tivesse aderido totalmente à afirmação da divindade do Filho, Orígenes tentou-lhe fazer admitir igualmente a personalidade distinta do Filho em relação ao Pai[29].

:: **50** :: O episódio era de grande importância, tanto que foi realizado na presença não apenas dos bispos, mas também dos padres e dos fiéis, e a estes últimos Orígenes exigiu uma adesão solene às decisões tomadas[30]. Tratava-se de uma assembleia regional, mas Orígenes não hesitou em dizer: "Toda a Igreja que aqui se encontra escuta. Não é necessário que haja entre as Igrejas diferenças doutrinais"[31]. Ainda que os bispos tivessem participado do debate, é inegável que o magistério foi ali representado pelo simples padre Orígenes, em sua qualidade de especialista na assembleia. Foi a ele que se consultou, e

---

29. *Disputa de Orígenes com Heráclides*, 1 e 2; SC 67, p. 53-59. J. Scherer evoca "o espirito de compreensão, de confiança e de caridade cristãs que animaram esses debates" (SC 67, p. 23).

30. Ibid., 4 e 5; SC 67, p. 63 e 69.

31. Ibid., 1; SC 67, p. 55.

foi ele que, com medidas iguais de humildade e propriedade, conduziu a discussão e delineou a doutrina. E a Igreja, com seus bispos, inclinou-se[32].

:: 51 :: Independentemente do próprio testemunho dado por Ireneu, Tertuliano e Orígenes, é importante ressaltar ao término desta seção que nos séculos II e III houve um bom número de diálogos entre bispos ou entre comunidades cristãs[33]. Por meio desses diálogos — no início realizados ocasionalmente, antes de se tornarem mais regulares — as Igrejas tentaram superar os problemas ligados à diversidade de tradições e às divergências propriamente doutrinais. Das reuniões locais aos sínodos regionais (cuja autoridade se impunha a cada bispo em particular), as Igrejas manifestaram seu desejo de restaurar ou consolidar sua comunhão na fé. Essas reuniões abriram o caminho para a instituição dos grandes concílios orientais, que a partir do século IV viriam a desempenhar um papel importante no exercício da autoridade doutrinal.

II. Os grandes concílios orientais e sua teologia

1. O Concilio de Niceia (325)

:: 52 :: A reunião do primeiro Concílio Ecumênico em Niceia, em 325, por iniciativa de Constantino, foi uma grande novidade da vida da Igreja[34]. Os Padres reunidos em Niceia tinham consciência da inovação que essa reunião representava em relação aos concílios ou sínodos anteriores: ele havia sido convocado pelo imperador; reunia bispos do Oriente e do Ocidente; seus membros o designaram com a nova expressão "grande e santo concílio"; ele tomou decisões disciplinares restritivas em relação a vastas regiões; foi o portador

---

32. Este não foi um episódio isolado na vida de Origenes, que teve outras disputas desse tipo, especialmente no Sinodo de Bostra, com o bispo Berilo, que professava uma heresia e a quem conseguiu convencer de uma posição mais ortodoxa (cf. EUSÉBIO, *HE* VI, 33, 1-3; SC 41, p. 135-136).

33. Cf. GRUPO DOS DOMBES, *O ministério de comunhão na Igreja universal*, n. 19.

34. Novidade relativa, no entanto, na medida em que este Concílio fora precedido pela primeira tradição de concílios locais ou regionais, da qual ele foi questão.

dos cânones concernentes à Igreja universal. Na área doutrinal, os Padres estavam igualmente conscientes do caráter definitivo e irrevogável de sua decisão de agregar novas expressões ao Símbolo de fé.

:: 53 :: No entanto, a teologia do concílio ecumênico não preexistia à reunião do Concílio de Niceia. A prova disso é dada pelos cinquenta anos de debates acirrados que ocorreram no Oriente, em torno de suas decisões e por todos os concílios — dos quais vários tinham tido a pretensão de ser ecumênicos —, que modificaram e por vezes contradisseram as expressões escolhidas em Niceia. Esses debates terminaram com a reconciliação de 381, no Primeiro Concílio de Constantinopla. Nesse momento, o Concílio de Niceia foi "recebido" nas Igrejas e sua autoridade foi reconhecida.

:: 54 :: Atanásio de Alexandria (c. 295-373) teve uma participação importante nesse processo de recepção. É interessante ver sua concepção de autoridade aumentar até atingir expressões como: "pedra eterna colocada na fronteira"; "pedra gravada erigida para sempre contra a heresia; palavra de Deus que permanece eternamente"[35]. Igualmente, foi dito: "Toda a terra habitada [a *oikumene*] concordou com a fé de Niceia"[36].

:: 55 :: Assim, a elaboração de uma doutrina teológica referente à reunião de um concílio ecumênico foi a consequência de uma experiência das Igrejas e se traduziu pela recepção definitiva dos ensinamentos de Niceia. Foi a *autoridade de fato* do concílio que deu lugar a uma doutrina sobre sua *autoridade de direito*. A autoridade de um concílio não funciona, portanto, de maneira automática. Várias condições devem estar presentes para que uma reunião conciliar seja considerada legítima e sua autoridade reconhecida. Entre as condições, o fenômeno da *recepção* é essencial. Um concílio nunca pode ser considerado independentemente do processo de recepção ao qual dá origem, isto é, do reconhecimento de seu ensinamento apostólico da fé por parte de um conjunto de comunidades eclesiais e seus bispos.

---

35. ATANÁSIO, *Epístola aos africanos*; PG 26, 1032 A, 1048 A.
36. Ibid.; PG 26, 1029.

:: 56 :: Logo, a conclusão a que chegamos sobre a autoridade de um concílio pode ser formulada da seguinte maneira: um concílio ecumênico que reúne os bispos — sucessores dos apóstolos e presidentes de todas as Igrejas — é assistido pelo Espírito Santo para tomar apenas decisões que estejam em conformidade com a fé dos apóstolos, pois é a unanimidade das Igrejas que se exprime por meio dele. Assim, todo concílio é uma "nova assembleia de Jerusalém". Nessa definição de concílio é necessário tomar como um dado único sua celebração e o fenômeno da recepção do qual ele é objeto.

2. Éfeso (431), o Ato de união (433) e Calcedônia (451)

:: 57 :: Apesar da autoridade doutrinal reconhecida nos concílios ecumênicos, não se podem esquecer as vicissitudes humanas que acompanharam o desenvolvimento deles. O primeiro problema que o Concílio de Éfeso apresentou foi o de saber qual era o verdadeiro concílio. De fato, dois concílios rivais foram realizados em junho de 431 em Éfeso: um aberto por Cirilo de Alexandria antes da chegada dos bispos antioquenos, que condenou Nestório e aclamou a primeira *Carta* de Cirilo a Nestório; o outro realizado em seguida, logo após a chegada de João de Antioquia, que excomungou Cirilo. De que lado estavam a legitimidade da reunião e a autenticidade da fé?

:: 58 :: Nessa situação de conflito, a autoridade do Concílio de Éfeso não podia se impor. Todas as partes acreditavam que não se poderia permanecer lá. Um fato novo surgiu então, parte do evento conciliar, diga-se de passagem: o Ato de união, concluído em 433, entre João de Antioquia e Cirilo de Alexandria. Em um espírito de reconciliação humana e doutrinal, Cirilo de Alexandria reconhecia a legitimidade da linguagem antioquena em cristologia, por meio de uma fórmula que serviu de matriz à futura definição de Calcedônia, enquanto João de Antioquia se dissociava de Nestório ao professar Maria "mãe de Deus" (*theotokos*). As duas linguagens cristológicas, a de Alexandria e a de Antioquia, foram reconhecidas, respeitando-se suas diferenças. Ainda que a unanimidade não tenha sido alcançada, o ecumenismo das decisões doutrinais foi recuperado.

:: **59** ::   A realização pública de um concílio, mesmo que sua convocação seja legítima, não é suficiente para fundamentar sua autoridade doutrinal. É necessário que suas reuniões respeitem não apenas o direito das gentes mas também a legitimidade dos pontos de vista complementares. A reunião do Segundo Concílio de Éfeso, em 449, sob a direção arrebatada de Dióscoro de Alexandria, dá lugar à violência e à condenação de Flaviano de Constantinopla; manifesta-se aí tal mobilização a favor da tendência monofisita, que a *Carta* doutrinal que o papa Leão enviou a Flaviano nem sequer é ouvida. Esse concílio nunca foi "recebido", nem no Oriente, nem no Ocidente.

:: **60** ::   O papa Leão Magno declarou a esse respeito: "Não é um concílio, mas uma pilhagem (*non concilium, sed latrocinium*) realizada em meio ao tumulto e por ódios seculares". Ele se recusou, com apoio do Sínodo Romano, a considerá-lo um concílio. Essa atitude estava em acordo com a do Oriente, mas ilustra um problema delicado, que é o da relação entre o papa e o concílio. Mais tarde, o costume irá determinar que só a aprovação e a confirmação do papa conferem a um concílio sua autoridade definitiva. Na sequência, os bispos de Roma se aterão firmemente a essa prerrogativa. Seria a atitude de Leão a demonstração da recusa jurídica da "confirmação"?

:: **61** ::   Não temos notícia de uma confirmação do papa Silvestre ao Concílio de Niceia, presidido por seus legatários. A questão de uma confirmação de Constantinopla nem se apresenta, pois esse concílio, com apenas bispos do Oriente, não foi ecumênico no sentido de Niceia. Seu Símbolo foi em seguida reconhecido por Calcedônia, que lhe conferiu, de algum modo, um valor ecumênico retroativo.

:: **62** ::   A questão se apresenta pela primeira vez no Primeiro Concílio de Éfeso. Na ocasião, os legatários do papa leram a carta de Celestino, que foi aclamada pelos Padres e, portanto, "recebida". Mas uma certa ambiguidade repousa sobre o significado dessa "recepção". Aparentemente, os legatários consideravam o concílio alinhado à doutrina de Celestino. O padre Filipe declarou: "Os membros se unem à cabeça". Mas os Padres do concílio acreditavam que era o papa que concordava com as próprias decisões deles. Por outro lado, não podemos falar de uma "confirmação" formal do concílio por Celestino, mesmo que ele tenha expressado sua concordância em relação às decisões nele estabelecidas. Falar em confirmação no sentido moderno do termo ressalta o anacronismo, se considerarmos a época analisada.

:: **63** :: Quanto à atitude de Leão após o concílio de 449, não deve ser considerada uma decisão jurídica de cassação, mas a simples constatação de que a "pilhagem" não pode ser tomada por um concílio, já que a voz do Ocidente não pôde ser ouvida.

:: **64** :: Os desdobramentos do Concílio de Éfeso trouxeram à baila uma questão nova e muito pertinente. Esse concílio está na origem do primeiro e duradouro cisma entre as Igrejas. Alguns dos bispos orientais recusaram o Ato de união e se reaproximaram da Igreja Síria da Pérsia, que em 486 adotara oficialmente a doutrina nestoriana. Uma Igreja nestoriana continuou, assim, a viver à margem do Império Bizantino. Hoje, ainda existe uma "Santa Igreja Católica e Apostólica Assíria do Oriente". Seu patriarca, Mar Dinkha IV, solicitou que não mais se chamasse essa Igreja de "nestoriana", dado o caráter pejorativo que o termo assumiu.

:: **65** :: Em 11 de novembro de 1994, esse patriarca assinou com o papa João Paulo II uma "Declaração cristológica comum", texto que se aproxima mais do Ato de união e da definição de Calcedônia que da linguagem de Éfeso. Este documento expressa claramente a encarnação do Filho de Deus no seio da Virgem Maria. A antiga fórmula "mãe de Deus" (*theotokos*), alvo de discussões, dá lugar a dois tipos de expressão: por parte dos assírios, "Maria, Mãe do Cristo, nosso Deus e Salvador"; por parte dos católicos, "Mãe de Deus e Mãe do Cristo"[37].

:: **66** :: Esse acontecimento contemporâneo de reconciliação doutrinal em matéria de cristologia traz um ensinamento importante: as querelas do passado estiveram centradas em questões de linguagem. A unanimidade da linguagem da fé aparentemente foi necessária à comunhão na fé. O distanciamento no tempo permite um melhor discernimento da relação entre linguagem e conteúdo. O discernimento que prevaleceu na ocasião do acordo de 1994 consiste no reconhecimento da possibilidade de um acordo real na fé por meio de linguagens diferentes, para além do que os concílios antigos haviam reconhecido.

---

37. Declaração cristológica comum entre a Igreja Católica e a Igreja Assíria do Oriente, *DC* 2106 (1994) 1064-1070.

:: 67 :: Não nos deteremos muito sobre o Concílio de Calcedônia (451), pois do ponto de vista do funcionamento da autoridade conciliar na Igreja ele apenas confirmou os ensinamentos que se destacaram de Niceia a Éfeso. Notemos, apenas, que foi o Concílio de Calcedônia que "recebeu" o Símbolo de Constantinopla I, o que conferiu a este último um valor propriamente ecumênico. Estamos aqui diante de um fenômeno de recepção qualitativamente original. Mas, se Calcedônia "recebeu" Constantinopla I, sua própria recepção mostrou-se muito difícil: aos partidários das "duas naturezas do Cristo" opuseram-se os partidários de "uma só natureza" (ou *monofisitas*). Essa difícil recepção de Calcedônia, conforme veremos adiante, deveria acarretar a reunião do Segundo Concílio de Constantinopla.

3. A autoridade do Símbolo reconhecida

:: 68 :: As querelas trinitárias e cristológicas dos séculos IV e V motivaram os bispos reunidos em concílios ecumênicos a redigir confissões de fé. Foi dessa maneira que, pouco a pouco, a confissão de fé, de proclamação livre e espontânea daquilo que está no coração do Evangelho, passou a ser vista como um critério e um teste de ortodoxia. Dessa forma deve-se compreender a proibição de abolir o Símbolo de Niceia, prescrito pelo primeiro cânon de Constantinopla I, concílio que desenvolveu e modificou esse Símbolo! O bispo monofisita de Antioquia, Pierre Le Foulon, na segunda metade do século V, foi o primeiro a empregar o Credo na liturgia de sua Igreja. Empregando assim o símbolo de Niceia-Constantinopla, ele quis deixar claro que este era o verdadeiro Credo da Igreja, o que não se aplicaria à definição de Calcedônia, que ele reprovava.

4. O Segundo Concílio de Constantinopla (553) e sua crise

:: 69 :: O contexto anterior à reunião do Segundo Concílio de Constantinopla nos coloca diante de um conflito extremamente complexo, do qual participaram o imperador Justiniano, o papa Vigílio e os bispos do Oriente e do Ocidente, todos em mútuo desacordo. Justiniano queria reconciliar os monofisitas, partidários de Severo de Antioquia, com os partidários de Calcedônia, que defendiam a natureza dupla. Nesse sentido, ele tomou a iniciativa de condenar os escritos de três autores antioquenos, na época já falecidos, Teodoro de Mopsuéstia, Teodoreto de Ciro e Ibas de Edessa. Era uma forma de compromisso que salvava a autoridade de Calcedônia, dando garantias aos termos incondicionais das fórmulas de Cirilo de Alexandria. Essa condenação é conhecida pelo nome de "Três capítulos". Ela acarretaria intermináveis debates, desde a conferência de 1932 até a reunião do Concílio de Constantinopla II em 553, e teria repercussões no Ocidente. Se de fato Justiniano conseguiu convencer os bispos do Oriente de que a condenação era bem fundamentada, isso não ocorreu com o papa Vigílio e os bispos do Ocidente, entre os quais alguns não hesitaram em levar a cabo um cisma.

:: **70** :: Esses debates colocaram em confronto três instâncias doutrinais, o imperador, os bispos, desunidos, e o papa, sem que a autoridade institucional de cada um fosse reivindicada claramente. Em particular, a autoridade conferida ao bispo de Roma manteve-se alvo de incerteza, do ponto de vista do imperador e dos Padres conciliares. Em todo caso, nesses debates nenhuma autoridade foi reconhecida como garantia de ortodoxia, mas esta qualificava o concílio ou o papa como autoridades institucionais, e cada participante se identificava espontaneamente com a ortodoxia[38].

:: **71** :: O concílio reuniu-se em um clima de tensão e de violência extremas entre o imperador Justiniano e o papa Vigílio, uma vez que o principal objetivo do imperador era fazer que o concílio ratificasse a condenação dos "Três capítulos", enquanto o papa se recusava a condenar a memória de homens mortos na paz da Igreja. As violências do primeiro em relação ao segundo e as pressões imperiais exercidas sobre os bispos alavancaram um conflito entre o papa e o concílio, de tal forma que podemos nos interrogar sobre a liberdade deste e, portanto, sua validade.

:: **72** :: O resultado desse concílio resume-se a dois documentos: uma longa e polêmica sentença de condenação dos "Três capítulos" e uma série de catorze câno-

---

38. Sobre esse documento extremamente complexo, cf. Claire Sotinel, Le concile, l'empereur, l'évêque. Les status d'autorité dans le débat sur les trois chapitres, in S. Elm, E. Rebillard, A. Romano (éd.), *Orthodoxie — Chistianisme — Histoire*, École Française de Rome, 2000, p. 275-299.

nes doutrinais. Os dez primeiros constituem uma interpretação da definição de Calcedônia, destacando o acordo deste concílio com as afirmações de Éfeso. Os últimos cânones retomam a condenação de Orígenes e dos autores dos "Três capítulos".

:: **73** :: O primeiro problema causado pelo concílio decorreu de que ele considerou o papa Vigílio anátema e a essência das sessões foi defendida em ruptura com ele. Ele mesmo defendeu uma tese "conciliarista", isto é, que afirmava a superioridade da autoridade do concílio sobre a do papa. O segundo problema decorreu das mudanças de posição do papa, submetido à pressão de Justiniano: por pouco tempo ele resistiu a uma decisão (*Constitutum*) que proclamava irrevogável; por fim, cedeu e confirmou a obra do concílio a respeito dos "Três capítulos".

:: **74** :: O paradoxo deste concílio decorre do fato de ter sido "confirmado" pelos sucessivos papas, Vigílio, Pelágio I e Gregório Magno, sobre a questão dos "Três capítulos", mas não no que diz respeito aos cânones cristológicos. Logo constatamos, com o distanciamento histórico, que a confirmação da questão dos "Três capítulos" caiu em perfeito esquecimento, ao passo que os cânones cristológicos foram recebidos como um ato de interpretação da definição de Calcedônia. Há aí um paradoxo que demonstra que a fecundidade de um concílio, por meio do fenômeno da recepção, ultrapassa de longe a intenção imediata de seus atores.

:: **75** :: O que se depreende aqui confirma as orientações apresentadas no Concílio de Éfeso. Um concílio pode se reunir em meio a infinitas vicissitudes humanas, e é infrutífero procurar entre elas, juridicamente, a que representa a última instância. Apenas a decantação exercida pelo tempo e vivida no corpo da Igreja — ou seja, o fenômeno da recepção — permite discernir a autoridade definitiva deste concílio.

5. Constantinopla III (680-681) e o caso de Honório

:: **76** :: Instigado pelo imperador Justiniano, o quinto concílio ecumênico havia condenado o que se convencionou chamar de "Três capítulos". Apesar dessas condenações, os monofisitas continuaram insatisfeitos. O patriarca Sérgio de Constantinopla propôs então um compromisso. A fim de evitar a questão controvertida — há uma ou duas naturezas no Cristo encarnado? —, ele falou de uma só força (*energeia*) em Cristo (*monoenergismo*). Em 634, ele escreveu sobre isso ao papa Honório I (625-638), que aprovou suas explicações. Nesse mesmo ano, no entanto, o novo patriarca de Jerusalém, Sofrônio, em sua carta de ordenação professa duas forças em Jesus Cristo. A agitação passou a reinar então entre os monofisitas, partidários de uma só natureza, e os calcedônios, que sustentavam a teoria das duas naturezas. O imperador Heráclio solicita ao patriarca Sérgio que encontre uma nova fórmula, e este lhe propõe que se fale apenas de uma só vontade em Cristo. É o chamado *monotelismo*, imposto por Heráclio por decreto em 638.

:: 77 :: A oposição a essa cristologia imposta por força da lei não tardou a se manifestar, porém foi reprimida. Assim, o papa Martinho I, cujo sínodo reunido em Roma havia condenado o monotelismo, foi deportado para a Crimeia, onde morreu. O mesmo ocorreu com o grande teólogo antimonotelista Máximo Confessor, que morreu em 662 em consequência de torturas.

Para restaurar a calma, o imperador Constatino IV Pogonatus[39*] convocou um concílio, que seria o sexto ecumênico. O papa Agatão deu seu consentimento. O concílio se reuniu em Constantinopla, na sala da cúpula (em grego, o *Troullos*) do Palácio Imperial — daí seu nome de Concílio de Trullo —, de 7 de novembro de 680 a 16 de setembro do ano seguinte. A definição (*horos*) do Concílio de Constantinopla III confessara duas vontades em Jesus Cristo: divina e humana. O concílio considerou anátemas todos os que endossaram as afirmações reprovadas do patriarca Sérgio. Entre eles figurava o papa Honório I, "banido da santa Igreja".

:: 78 :: A reunião do Concílio de Constantinopla II trouxe um problema novo, o de um papa "herético". Essa condenação não provocou nenhuma contestação dos legatários romanos nem do papa Leão II, que confirmaria esse concílio como ecumênico. Essa condenação seria retomada em 692, pelo Concílio *Quinisexto* de Constantinopla, e em 787, pelo Segundo Concílio de Niceia.

:: 79 :: O verdadeiro problema era outro. Qualquer que tenha sido o erro efetivo de Honório, vários concílios, papas e o conjunto da cristandade o consideraram herético. O que tal julgamento significou para a relação entre o papa e o concílio, de um lado, e para a infalibilidade do papa, de outro? A

39*. "O barbudo". (N. da T.)

questão angustiante do papa herético retornaria na Idade Média e suscitaria vasta literatura. Alguns afirmaram que a condenação de Constantinopla III fora uma falha (A. Pighi). Uma interpretação leniente do fato consistiria em considerar o erro de Honório uma falha pessoal e privada, que não comprometeria a Sé de Roma (Nicolau de Cusa). Mas teólogos seguidores da reforma dos galicanos (Bossuet, por exemplo) e dos jansenistas, ao contrário, sustentaram que a heresia do papa foi realmente do "doutor público".

:: 80 :: Os diversos posicionamentos sobre o tema se sucederam até o debate que ocorreu no Vaticano I, em 1869, assim como sobre os casos dos papas Libério[40] e Vigílio. O caso de Vigílio, condenado por um concílio ecumênico, era espinhoso, os "anti-infalibilistas" não deixavam de usá-lo para apoiar sua tese. O de Honório havia atravessado a história como exemplo de um papa herético[41]. O concílio levantaria outro caso, no entanto, argumentando que Honório não ensinara o monoenergismo *ex cathedra*, mas sim, em correspondência privada, aprovara as afirmações do patriarca Sérgio. Ele teria estado, assim, comprometido pessoalmente, sem falar em nome da Igreja como um todo.

6. Emergência da autoridade doutrinal do papa

:: 81 :: A época dos sete primeiros concílios testemunhou uma relação singular entre o papa e o concílio: mesmo que convocado pelo imperador, o concílio não se sustentava sem o consentimento do papa; era presidido normalmente por seus legatários; tornou-se, progressivamente, objeto de confirmação pelo papa, que se comprometia com o fenômeno de sua recepção. Por vezes, o papa excluía de sua confirmação um ou outro cânon, como fez o papa Leão para o cânon 28 de Calcedônia. De sua parte, o concílio escutava e rece-

---

40. O papa Libério (352-366) nunca foi condenado, mas ele coloca uma questão análoga, porque cedeu por um momento às pressões arianas ao aceitar a ambigua fórmula de Sirmium (357).
41. Cf. G. Kreuzer, *Die Honoriusfrage im Mittelalter und Neuzeit*, Stttugart, Hiersemann, 1975.

bia a voz do papa. Tudo isso testemunha uma autoridade particular do papa em relação ao concílio, autoridade que iria aumentar ao longo do tempo.

:: **82** ::   No entanto, saber se a autoridade do concílio era superior à do papa ou se a do papa era superior à do concílio não estava claramente resolvida. Vimos que a opinião a esse respeito era sensivelmente diversa no Oriente, que se inclinava espontaneamente para a primeira interpretação, e no Ocidente, que assumiu rapidamente a segunda posição.

> :: **83** ::   O Concílio de Sárdica, em 343, apresentou um testemunho interessante sobre o papel atribuído ao papa pelas Igrejas. Se um bispo acreditasse que sua causa fora julgada em seu detrimento, em plano local ou regional, ele apelaria à Sé de Roma. Esta poderia, se achasse necessário, cassar o julgamento local, mas não presidiria o julgamento de apelação. Ela reenviaria esse julgamento a uma jurisdição regional diversa da que proferira a primeira sentença. O papel da Sé de Roma era, portanto, o de uma "corte de cassação".

III. A autoridade doutrinal no Ocidente após Niceia

1. Agostinho (354-430)

:: **84** ::   Do lado latino, a obra de Santo Agostinho constitui uma baliza importante para a reflexão sobre a autoridade doutrinal na Igreja. Essa autoridade é, antes de mais nada, subordinada à autoridade divina, que se manifesta de maneira exemplar e única na autoridade do Cristo. A autoridade do Cristo, por sua vez, se perpetua na autoridade das Sagradas Escrituras, das quais Agostinho ressalta a primazia sobre os livros escritos posteriormente: a autoridade do Antigo e do Novo Testamento, "confirmada desde o tempo dos apóstolos pela sucessão dos bispos e pela propagação das Igrejas, foi como que colocada em um trono elevado para receber a obediência de toda inteligência fiel e piedosa"[42]. Nessa base é que Agostinho foi conduzido a se pronunciar

---

42. Agostinho, *Contra Fausto* XI, 5; éd. Vivès, XXV, p. 539; tradução modificada.

sobre a autoridade doutrinal da Igreja, especialmente na ocasião das controvérsias que o opuseram aos donatistas e aos pelagianos.

:: **85** :: Aos donatistas, que se apoiavam na autoridade de Cipriano para refutar a validade do Batismo administrado pelos dissidentes, Agostinho responde em *De Baptismo* (por volta do ano 400), invocando a continuidade do costume litúrgico e a decisão de um "concílio soberano" que, desde a época de Cipriano, abreviara a questão: "Aquilo que o costume da Igreja sempre manteve [...], aquilo que um concílio universal sancionou, eis nossa regra"[43]. Agostinho certamente está muito ligado à autoridade moral de Cipriano; a seus olhos, no entanto, a argumentação deste sobre o Batismo dos heréticos não pode ter o mesmo valor que o julgamento doutrinal de um concílio, que representa a Igreja universal. Além disso, ainda que Cipriano considerasse nulo o Batismo dos heréticos, ele não queria romper a comunhão com os cristãos que pensavam de outra maneira: tratava-se uma questão que a Igreja ainda não fechara; ele colocava a paz da Igreja acima de suas convicções pessoais. Era exatamente esta atitude que Agostinho exortava os donatistas a imitar: "Não nos lançais à face a autoridade de Cipriano para remodelar o Batismo; mantende conosco o exemplo de Cipriano para conservar a unidade"[44].

:: **86** :: Ainda que Agostinho não seguisse Cipriano na questão do Batismo dos heréticos, ele invocou sua autoridade para defender a doutrina do pecado original. Ele se referiu a essa autoridade desde seu primeiro escrito contra Pelágio (412) e não deixou de ressaltar que o próprio Cipriano apoiava-se no "decreto de um concílio"[45]. Ele invocava, dessa maneira, a autoridade de Jerônimo, mas apelava mais uma vez a um acordo unânime sobre a doutrina do pecado original — doutrina, antes de tudo, fundamentada no testemunho da Sagrada Escritura[46]. Mais tarde, tomando como pretexto os elogios de Pelágio a Ambrósio de Milão, ele citou passagens de Ambrósio para sustentar sua própria teologia da graça; mas ele lembrava que o próprio Ambrósio,

---

43. Id., *Sobre o Batismo* IV, 6, 9; BA 29, p. 255. O concílio invocado é provavelmente o de Arles (314).
44. Ibid. II, 7, 12; BA 29, p. 153.
45. Id., *Sobre a pena e a remissão dos pecados* III, 5, 11, éd. Vivès, XXX, p. 112.
46. Ibid., III, 6, 12; éd. Vivès, XXX, p. 113.

"qualquer que tenha sido sua santidade e sua sabedoria, não deve nunca [...] ser equiparado à autoridade da Escritura canônica"[47]. A referência a Cipriano e a Ambrósio apareceu novamente nos escritos contra Juliano de Eclano: ainda aí Agostinho insistiu em marcar os limites desse "argumento patrístico": ainda que real, a autoridade daqueles que comentaram as Escrituras não pode se igualar à autoridade das próprias Escrituras[48]. O que conta, afinal, é menos o testemunho de alguns autores que o testemunho ininterrupto de uma fé "viva, verdadeiramente cristã e autêntica, transmitida pelas Sagradas Escrituras desde tempos antigos, mantida e preservada por nossos pais até nossa época, quando essas pessoas tentaram abalá-la", essa própria fé que "no futuro, também com a ajuda de Deus, [...] deve ser mantida e preservada"[49].

:: 87 :: A carga de tal testemunho recai especialmente sobre os bispos, cuja responsabilidade comum sobre questões doutrinais é ressaltada por Agostinho. Esse último ponto é de tal forma notável que durante a controvérsia pelagiana a comunhão episcopal parece ser mais de uma vez abalada. Por ocasião do Concílio de Dióspolis (415), os bispos da Palestina declararam que a doutrina de Pelágio era católica; os bispos africanos, por sua vez, reunidos em concílio, replicaram com uma condenação de Pelágio e de seu discípulo Celéstio (416). Agostinho pôde, no entanto, discernir que os bispos da Palestina haviam agido movidos pela caridade a favor de Pelágio, mas que no fundo eles também rejeitavam sua doutrina; os dois colegiados de bispos estavam, portanto, em plena comunhão na fé. Uma nova crise surgiu em 417, com a reabilitação, ao menos provisória, de Celéstio e Pelágio pelo papa Zósimo. Aqui ainda, Agostinho mostrou que o papa agira por um motivo apenas pastoral — crendo, de boa-fé, que Celéstio tinha o desejo de submeter-se à ortodoxia. Ele afirmou que Zósimo sempre

---

47. *A graça do Cristo e o pecado original* I, 43, 47; BA 22, p. 141.

48. Ver especialmente *Contra duas cartas de pelagianos* IV, 8, 21 a IV, 12, 34; BA 23, p. 601-657. Agostinho refere-se também a um texto do Ambrosiaster, que ele atribui erroneamente a Hilário: ibid. IV, 4, 7, BA 23, p. 567.

49. Ibid., IV, 12, 32; BA 23, p. 653. Ver também *Contra Juliano* I, 3, 5 a I 7, 35, e II, 2, 4 a II, 10, 37, em que Agostinho refere-se longamente aos Padres que o precederam: Ireneu, Cipriano, Hilário, Ambrósio, Gregório Nazianzeno, Basílio, João Crisóstomo e outros bispos do Ocidente e do Oriente; mais que o testemunho de um ou outro autor, é a unanimidade dos Padres que tem valor de argumento (éd. Vivès, XXX, p. 127-157 e 168-207).

fora fiel a essa ortodoxia, e que a reabilitação temporária de dois heréticos não implicava um desacordo entre a Sé apostólica e os bispos africanos. O engajamento de Agostinho na controvérsia pelagiana atesta seu aguçado senso da corresponsabilidade dos bispos em questões de fé e a particular importância que ele confere à comunhão desses bispos com a Igreja de Roma — Igreja que deve sua autoridade ao fato de que o Trono de Roma é o Trono de Pedro, nessa parte do mundo "onde o Senhor quis coroar o primeiro dos apóstolos com um martírio extremamente glorioso"[50].

2. Vicente de Lérins (que morreu entre 435 e 450)

:: **88** :: Um pouco mais tarde, por volta de 430, o monge Vicente de Lérins redige um *vade mecum* (*commonitorium*) no qual coloca a questão: "Existe uma regra certa, de aplicação geral, canônica em algum aspecto, que me permita distinguir a verdadeira fé católica do erro das heresias?". Naturalmente, objetaríamos, "o cânon das Escrituras é perfeito; ele se basta totalmente. Por que então acrescentar-lhe a autoridade da interpretação dada pela Igreja?". Mas Vicente responde logo: "O sentido das Escrituras é tão profundo que não se compreende nem em parte, nem universalmente". A interpretação dos livros sagrados deve ser, portanto, submetida a uma regra, da qual Vicente dá a seguinte fórmula: "É necessário velar com o maior cuidado possível para que se dê por verdadeiro aquilo que se crê em todos os lugares, em todos os tempos e por todas as pessoas"[51].

:: **89** :: Este "cânon leriniano" implica que o valor de uma doutrina não pode depender simplesmente de uma opinião individual (ainda que seja a de

---

50. *Contra Juliano* I, 4,13; éd. Vivès, XXXI, p. 132. Cf. tambèm, em *Resposta a duas cartas de pelagianos*, a dedicatória de Agostinho ao papa Bonifácio: "pois [...] a vigilância pastoral nos é comum, a nós que preenchemos as funções do episcopado — se bem que tu, estabelecido em uma posição mais elevada, tu nos dominas a todos — [...] faço meu possivel segundo a pequena parte que comporta meu cargo [...]" (I, 1, 2; BA 23, p. 315).
51. Vicente de Lérins. *Commonitorium* [*Aide-mémoire*], 2, Namur, Soleil Levant, 1959, p. 37-38.

Agostinho, de quem Vicente certamente refuta algumas teses!). A autoridade de uma doutrina é antes ligada à sua universalidade no espaço e no tempo, segundo três exigências formuladas pela regra: a exigência de ecumenicidade, pois "só há uma fé, verdadeira, a que toda a Igreja professa, espalhada sobre toda a Terra"[52]; a exigência da antiguidade, "pois de maneira nenhuma nos desfazemos do que já proclamaram nossos pais e nossos pios ancestrais"[53]; a exigência de um acordo quase generalizado, pois "o que todos, ou a maioria deles, afirmaram com clareza, unanimemente, frequentemente, insistentemente, tal uma reunião unânime de teólogos, o que eles nos transmitiram após ter recebido da tradição, isso deve ser tido como indubitável, certo e definitivo"[54].

:: 90 :: Vicente de Lérins acrescenta à sua regra assim enunciada dois outros critérios. De um lado, o critério de um progresso na fé: o dogma deve se "consolidar" e mesmo se "desenvolver" ao longo do tempo, mas "de tal forma que se mantenha incorruptível, intacto, inteiro e perfeito em cada uma de suas partes"[55]. De outro, o critério de uma leitura em conformidade com "as tradições da Igreja universal e as regras do dogma católico", seguindo, portanto, a tripla exigência da universalidade, da antiguidade e do consenso unânime[56].

:: 91 :: Na época moderna, o cânon leriniano foi utilizado tanto por católicos como por protestantes em favor de suas respectivas teses; os católicos para acusar os protestantes de rejeitar certos artigos da fé; os protestantes para acusar os católicos de fazer acréscimos indevidos à fé tradicional. Isso indica que a regra enunciada por Vicente de Lérins não é suficiente para esgotar a questão da autoridade doutrinal. Ademais, essa regra manifesta sua limitação quando se tenta aplicá-la de maneira absoluta a qualquer doutrina cuja antiguidade não seja explicitamente atestada ou que durante certo tempo não tenha sido objeto de um consenso geral. Ela propõe ainda um

---

52. Ibid., p. 39.
53. Ibid., p. 39.
54. Ibid., 28, p. 93. Note-se que a expressão "ou a maioria deles" dá certa nuança ao enunciado da regra que, no capítulo 2, falava de um "acordo geral" e de um "consentimento unânime" (p. 39).
55. Ibid., 23, p. 103-104.
56. Ibid., 27, p. 117.

princípio essencial que pode ser formulado de forma negativa: não é possível sustentar como verdadeiro algo que seja afirmado apenas por alguns e que não seja objeto de um consenso eclesial. Positivamente, a regra manifesta sua propriedade a respeito do que constitui o âmago da confissão de fé; e ainda que não possa ser sempre aplicada à risca fornece critérios que colocam em primeiro plano a preocupação com a comunhão na fé e que, por isso mesmo, são referência no exercício da autoridade doutrinal.

IV. O papel do primado e dos patriarcas

:: **92** :: A seção sobre os concílios orientais já apresentou a situação das relações mantidas entre algumas Igrejas na segunda metade da época patrística. Mesmo que essas relações tenham sido por vezes conflituosas, elas atestaram a preparação de estruturas regionais das quais cada uma era dotada de uma autonomia real e, ao mesmo tempo, deveria estar em comunhão com a Igreja universal. É importante determo-nos sobre essa organização patriarcal, relativa tanto ao Oriente como ao Ocidente, e que sofrera incidentes com o exercício da autoridade doutrinal, bem como com a compreensão do primado reconhecido ao bispo de Roma[57].

:: **93** :: A palavra "pentarquia" é um nome dado à organização eclesial que, nos primeiros séculos da época patrística, cristalizou-se em torno de cinco sés principais. Foram elas as três sés apostólicas de Jerusalém, Antioquia e Alexandria, às quais veio a se juntar a de Constantinopla, em razão de sua importância política. Essas quatros sés patriarcais do Oriente exerciam umas jurisdição sobre as Igrejas de suas diferentes regiões. A Sé de Roma constituía, de sua parte, o patriarcado do Ocidente. Certamente, em virtude de sua primazia de honra, era sempre considerada a primeira das cinco sés. Essa organização da "pentarquia" seria reconhecida pelo Concílio de Constantinopla IV: "Ordenamos que absolutamente nenhum dos poderosos deste mundo ultraje ou

---

57. Encontraremos uma primeira abordagem da questão em nosso documento *O ministério de comunhão na Igreja universal*, n. 28 e 29.

tente cassar de seu trono qualquer um entre os que ocupam as sés patriarcais, mas que, ao contrário, os julguem dignos de toda honra e todo respeito, antes de todos o santíssimo papa da antiga Roma, seguido do patriarca de Constantinopla, depois dos de Alexandria, Antioquia e Jerusalém"[58].

:: 94 :: Segundo essa organização, as Igrejas patriarcais, dirigidas pelos patriarcas com o sínodo dos bispos, têm, cada uma delas, sua própria hierarquia e exercem geralmente uma verdadeira autonomia na administração de suas respectivas dioceses. A Igreja de Roma não intervém nessas Igrejas a não ser em questões importantes em matéria de fé, especialmente quando é solicitada como instância suprema. A responsabilidade do bispo de Roma perante a Igreja universal é assim distinta da responsabilidade que ele exerce como patriarca do Ocidente. A distinção aparece claramente com o papa Gregório I (590-604). Este tem uma primazia sobre os outros patriarcas, pois como bispo de Roma preside a comunhão de todas as Igrejas na fé e na caridade. Mas é apenas sobre a Itália que ele exerce a autoridade própria do metropolita. Ainda que ele exerça mais amplamente sua autoridade patriarcal sobre todas as províncias eclesiásticas do Ocidente, ao mesmo tempo respeita as autonomias legítimas e exige que se assumam as culturas próprias às nações evangelizadas[59].

:: 95 :: Naturalmente deve-se evitar idealizar as relações entre as Igrejas patriarcais da Antiguidade — relações que em certos momentos enfrentaram graves dificuldades. Deve-se mesmo duvidar de que a "pentarquia" tenha existido plenamente, quaisquer que sejam os enunciados conciliares aqui citados. Mas de fato a estrutura patriarcal permitiu que se realizasse, ao menos até certo ponto, uma justa articulação entre as Igrejas regionais e a Igreja universal, favorecendo assim a regulação do exercício da autoridade doutrinal. A evocação dessa estrutura deveria permitir que se

---

58. Constantinopla IV, cânon 21; DzH 661.

59. Cf. a carta de Gregório Magno a Melitus sobre a evangelização na Grã-Bretanha (*Cartas* XI, 76; PL 77, 1215-1217). Em uma carta ao patriarca de Alexandria, este recusa-se explicitamente a se ver atribuir o título de "papa universal": "Se Vossa Santidade me trata de papa universal, ela se recusa a si mesma aquilo que me atribui como universal. Que isso não aconteça. Que desapareçam as palavras que inflam a vaidade e ferem a caridade" (*Cartas* VIII, 30; PL 77, 933 C; apud J. M. R. TILLARD, *L'évêque de Rome*, Paris, Cerf, 1982, p. 74).

fizesse jus às estruturas regionais ou continentais naquilo que constitui suas particularidades legítimas. Também deveria permitir que se diferenciassem as diversas funções da Sé de Roma: contrariamente à quase coincidência que se impôs, durante o segundo milênio, entre o patriarcado do Ocidente e a Igreja católica romana, a referência à organização antiga da Igreja deveria auxiliar a compreensão de que o papa apenas administra esta Igreja em virtude de sua responsabilidade perante o Ocidente, e que essa responsabilidade deve ser bem distinta daquela que ele exerce, como bispo de Roma, a serviço da comunhão entre as Igrejas espalhadas pelo mundo.

:: ::   :: ::

SEGUNDA SEÇÃO :::::: A ÉPOCA MEDIEVAL

1. Antes da ruptura entre Oriente e Ocidente

:: **96** :: No decorrer da alta Idade Média (séculos VIII-X) constata-se uma desagregação progressiva, seguida de um desaparecimento progressivo, da autoridade da *pentarquia* como governo colegiado. Como vimos, a pentarquia é o sistema em que a autoridade suprema na Igreja é atribuída aos cinco patriarcas de Roma, Constantinopla, Alexandria, Antioquia e Jerusalém. Essa concepção, promovida por Constantinopla (que se torna Bizâncio), foi recebida com reservas pelo Trono de Roma, que preferia a triarquia das sés fundadas pelo apóstolo Pedro: Roma, Alexandria e Antioquia. Este sistema funcionou, de maneira um tanto informal, desde a segunda metade do século V, mas não sobreviveria ao cisma de 1504, senão como referência teórica para os orientais.

:: **97** :: O papa exerce autoridades diferentes como metropolita da província de Roma[60], como patriarca do Ocidente e como ministro da Comunhão. O desaparecimento histórico de três patriarcados (Jerusalém, Alexandria e Antioquia), sobretudo após as reações anticalcedonianas dessas regiões e as con-

---

60. O *Anuário Pontifício* contemporâneo acrescenta: "Primado da Itália, metropolita da província de Roma".

quistas árabes, e a tensão político-religiosa entre Constantinopla e Roma favoreceram o fortalecimento da autoridade romana. Nicolau I se proclama chefe da "Sé apostólica". Um cânon do concílio romano encarregado de preparar o concílio ecumênico de Constantinopla IV declara: "Qualquer um que afrontar os dogmas, as ordens, as proibições, as sanções ou os decretos promulgados em consciência pelo chefe da Sé apostólica, tratando-se da fé católica, da disciplina eclesiástica, da repreensão aos fiéis […], que seja anátema".
No Oriente, a predominância de Constantinopla como sede do "patriarcado ecumênico" torna-se também um golpe à pentarquia.

:: **98** :: Existem outras autoridades em jogo: os concílios locais, os teólogos, os políticos. A relação entre a Igreja e os chefes políticos é difícil, com estes últimos sempre procurando exercer influência sobre ela. É verdade que os reis e outros soberanos, longe de ser "leigos" no sentido moderno do termo, são sacralizados e vistos como ministros da Igreja. Isso se aplica sobretudo ao imperador, chefe supremo do "povo cristão". Lembremo-nos de como Carlos Magno, que se considerava protetor da fé de seus súditos contra toda heresia, condenou o adocionismo espanhol, introduziu o *Filioque* no Credo e deu sua versão do culto das imagens.

2. A ruptura com o Oriente e a reforma gregoriana (1049-1128)

:: **99** :: A ruptura com o Oriente, que se insinuava progressivamente nos fatos bem antes de 1054, e o pontificado de Gregório VII conduziram no Ocidente a uma fixação na autoridade papal.

:: **100** :: No fim do século XI, o papado havia tomado a frente de uma vigorosa reforma moral e institucional da Igreja. Roma, por intermédio de seus legatários, fazia-se presente de forma ativa em todas as regiões da Europa ocidental. Os senhores leigos renunciaram a uma boa parte de seus privilégios, e o imperador se viu excomungado e ameaçado de deposição. Nesse contexto, os papas se proclamaram os únicos legisladores supremos da cristandade. Gregório VII representou o caso extremo disso: em seus *Dictatus papae* (1075), apresentava sua autoridade como fonte de todos os poderes na Igreja, ou ao menos da legitimação destes. O *Dictatus* 22 exemplifica como essa autoridade se exerce em matéria doutrinal: "A Igreja romana nunca errou; e, segundo o testemunho das Escrituras, nunca errará".

:: **101** :: A convicção de que a Sé romana tem o dever e o direito de exercer sobre toda a Igreja essa autoridade, fonte de todo poder, firma-se ainda no decorrer dos séculos XII e XIII. Inocêncio III (1198-1216) se diz não apenas "vigário de Pedro", como seus predecessores, mas "vigário do Cristo". Os concílios não são suprimidos, pelo contrário. Contamos seis deles, mantidos pela tradição católica como "ecumênicos": Latrão I (1123), II (1139), III (1179), IV (1215), Lyon I (1245), II (1274). Mas eles se realizam em presença do papa, seguindo um programa definido por ele; estão mais para uma "câmara de registro" que para uma assembleia deliberante. Ocupam-se, sobretudo, de disciplina, diplomacia, em relação com a política. Algumas questões doutrinais também são tratadas: condenação dos gnósticos cátaros, das tendências neodonatistas de algumas seitas anticlericais e, em Lyon II, tomadas de posição a respeito de diversos pontos de divergência entre o Oriente e o Ocidente.

:: **102** :: Durante esse período, a teologia escolástica, cujo pensamento é bem marcado pela racionalidade e amplamente penetrado pela disciplina canônica, vive uma franca ascensão. Os "mestres" gozam de grande prestígio e aconselham papas e concílios. Santo Tomás de Aquino falará do "magistério da cátedra do Mestre (*magisterium cathedrae magistralis*)", que distingue do "magistério da cátedra pastoral (*magisterium cathedrae pastoralis*)"[61]. Diz-se, então, que a universidade constitui um "terceiro poder" na cristandade, ao lado do papado e do império. No entanto, naquele momento, ele não é verdadeiramente um "contrapoder", em concorrência com os outros. Ela apoia a hierarquia mais do que a contesta ou relativiza sua autoridade.

:: **103** :: Alguns personagens "carismáticos" também marcam a vida eclesial da época, como Bernardo de Claraval. Eles são muito ouvidos, inclusive por aqueles que detêm o poder de decisão em assuntos dogmáticos. Por exemplo,

---

61. *Quodlibeta* III, 9 e 3.

Bernardo faz que os concílios de Reims e de Latrão IV condenem a teologia trinitária de Gilberto de La Porrée.

3. As crises conciliaristas

:: **104** :: Durante a Idade Média, não há progresso linear na centralização romana. O exílio dos papas em Avignon e, depois, o grande cisma do Ocidente, que verá o enfrentamento de dois — depois de três — papas rivais, levarão o papado a um eclipse temporário.

:: **105** :: O conciliarismo, que podemos definir como uma tentativa de fazer que a Igreja passe da monarquia absoluta à monarquia constitucional, conhece diversas etapas. O Concílio de Constança (1414-1418), que põe fim ao "grande cisma do Ocidente", proclama, em primeiro lugar, que o concílio é superior ao papa em algumas circunstâncias críticas. O Concílio da Basileia, iniciado sob a autoridade do papa em 1431, transferido por ele mesmo para Ferrara em 1438, depois para Florença, perdura em estado de cisma, com um número decrescente de prelados até 1449[62]. Esse concílio apresenta os termos de um conciliarismo formal, ao instituir que o papa deve obediência ao concílio e não tem o poder de dissolvê-lo, ao passo que o concílio pode destituir o papa se este tenta se opor a ele. Essa posição foi contradita pelo Concílio de Florença, que declarou a supremacia do papa sobre o concílio.

:: **106** :: Os concílios de Constança e da Basileia, muito ocupados com questões de disciplina e de governo da Igreja, intervêm também em questões de doutrina, sobretudo em eclesiologia. O Concílio de Constança condena Wyclif postumamente; seu discípulo Jan Hus, pregador em Praga e reitor da universidade, é condenado à fogueira, bem como Jerônimo de Praga. Essa "revolta boêmia" já protesta contra as indulgências e em favor da extensão do cálice eucarístico aos fiéis[63].

---

62. Embora a assembleia reconhecida pelo papa estabelecesse a união efêmera das Igrejas ocidental e oriental em 1435.

63. Lutero dirá mais tarde: "pode-se queimar Jan Hus, mas não se queima a verdade".

As condições de restabelecimento da unidade com Constantinopla são também precisas nesse concílio. Sobre esses pontos, partidários da superioridade do papa e partidários da supremacia do concílio estão de acordo.

:: **107** :: O século XV testemunha o crescimento do papel e da autoridade dos teólogos. Em 1414, o Concílio de Constança admite entre seus membros doutores em teologia ou em direito canônico que não são bispos.

:: :: :: ::

Recapitulação dos ensinamentos obtidos das épocas patrística e medieval

:: **108** :: *O período patrístico atesta a diversidade de fatores que contribuíram para formar a autoridade de uma palavra doutrinal. Essa autoridade depende, de um lado, da fidelidade às Escrituras e à tradição apostólica; ela pode estar ligada à própria característica das pessoas que intervêm nos debates, assim como às instâncias sinodais ou conciliares que se pronunciam sobre esta ou aquela questão; ela é também ligada à maneira como se operam os acordos entre bispos ou entre Igrejas, assim como ao efeito produzido sobre os fiéis, que são, eles mesmos, chamados a "receber" a palavra dos bispos e dos concílios. Estes fatores combinam-se, frequentemente, de maneiras diversas, mas são todos necessários a um justo exercício da autoridade doutrinal.*

:: **109** :: *Entre a fidelidade essencial às Escrituras e à tradição apostólica (cujo princípio foi enfaticamente enunciado por Ireneu) e a exigência decisiva da recepção eclesial (que ressurge claramente na história dos grandes concílios orientais), há espaço para diferentes tentativas de regulação que têm por objetivo favorecer os caminhos de uma unidade verdadeira: assim ocorre quando se apela à competência de Orígenes para resolver um conflito doutrinal, quando os bispos reunidos em concílio posicionam-se em relação a uma questão central do mistério cristão, quando teólogos como Cirilo de Alexandria e João de Antioquia vêm a reconhecer sua comunhão na fé para além das linguagens, no entanto divergentes, ou ainda quando Agostinho se empenha em restaurar o acordo entre os bispos africanos e os bispos da Palestina.*

Estas tentativas de regulação, que são por vezes objeto de uma elaboração teórica (como para Agostinho ou Vicente de Léris), se inscrevem em uma Igreja dotada de estruturas regionais que são simultaneamente autônomas e ligadas entre si. Essa organização se manifesta especialmente sob a forma dos patriarcados, quando o próprio bispo de Roma exerce uma função patriarcal em relação ao Ocidente, assumindo, perante a Igreja universal, a missão de presidir à comunhão na fé.

:: 110 ::   *De fato, conforme demonstramos, o período patrístico atravessou graves crises em torno de questões propriamente doutrinais. Mas a riqueza de ensinamentos que esse período traz para nosso objeto deve-se, entre outros fatores, à própria maneira como nessa época procuraram-se e inventaram-se novas formas de regulação que permitiram suplantar essas crises e restaurar os laços da comunhão eclesial. Esse período nos revela ainda que a gestão da autoridade doutrinal nunca se obtém definitivamente, mas o que a torna sempre possível é o engajamento das Igrejas no caminho da unidade. Ele nos fornece sobretudo pontos de referência preciosos que, transpostos à conjuntura atual, deveriam guiar essas Igrejas e seus responsáveis em seu exercício de autoridade doutrinal.*

:: 111 ::   *A Idade Média foi marcada pela ruptura entre o Oriente e o Ocidente, cujas consequências foram incalculáveis, apesar das grandes luzes que atravessaram a cristandade desse tempo. No Ocidente, essa ruptura conduziu a uma distorção nas dinâmicas anteriores, em prol de uma centralização da autoridade nas mãos do papa. Essa centralização operou-se, em grande parte, com o objetivo de reformar a Igreja ameaçada por sérios abusos. No entanto, a persistência desses abusos, que chegaram a afetar até mesmo a corte romana, levou à grave crise conciliarista e à manifestação de protestos cuja história mostrou serem o gérmen da futura separação ocorrida no século XVI. Foi assim que as Igrejas da Reforma consideraram que a Igreja saída da Idade Média não era suficientemente fiel ao Evangelho, ao passo que a Igreja católica, reconhecendo os abusos que a afetavam da base à cúpula, consideraria sempre que a Igreja medieval permaneceu fiel à sua missão.*

:: 112 ::   *Para retornar ao essencial, esse percurso de um passado comum atesta, ao mesmo tempo, um reconhecimento e uma convicção: o reconhecimento por parte da Igreja, ao longo de sua história, da autoridade absoluta de Deus, do Cristo e das Escrituras, exercida sobre a própria Igreja; e a convicção de que uma autoridade em matéria de ensinamentos e de doutrina foi devolvida a essa mesma Igreja, uma autoridade paradoxal, pois deve se submeter àquela que a suplanta. Temos de rememorar o exercício doutrinal ao longo da história, com seus ricos detalhes de modalidades e de evolução, e constatar que estes garantem, segundo as hierarquias e as reciprocidades diversas, as dimensões comunitária, colegiada e pessoal. Este patrimônio, com suas luzes e também suas sombras, nos é comum. A história é a mestra da abertura.*

:: 113 :: *Não se trata, no entanto, de propor um retorno anacrônico a formas do passado. Este percurso nos convida antes a buscar novas maneiras de agir, mas fundamentadas na tradição e mais flexíveis que as que se generalizaram ao longo dos dois últimos séculos. Lembraremos delas em nosso quarto capítulo.*

CAPÍTULO 2
A REFORMA E A ERA MODERNA

:::::: PRIMEIRA SEÇÃO :::::: A TRADIÇÃO PROTESTANTE E A CRISE DA AUTORIDADE

I. A Reforma e os reformadores

:: **114** ::   A questão da autoridade e do poder na Igreja tal como foi tratada pela Reforma deriva de efeitos da reação ao mesmo tempo crítica e reformadora a um bom número de desvios históricos, em particular medievais, fustigados pelo "protestantismo". A compreensão da questão da autoridade deveria ser reexaminada nesse seu duplo aspecto crítico e reformador. A Reforma reinterpretou o problema de diversos ângulos: teológico e doutrinal, eclesiológico e ministerial, ético e disciplinar, jurídico e político. Analisaremos a questão especialmente sob o primeiro aspecto, o da autoridade *doutrinal*, isto é, o da enunciação e da comunicação dos conteúdos da fé.

> :: **115** ::   Os reformadores protestantes contestavam a pretensão magisterial da instituição da Igreja (papas e concílios após a época patrística) de ser a única instância histórica de interpretação, verificação e mediação da revelação bíblica, ou seja, da Escritura-Palavra portadora da Verdade. A Reforma fundamentava sua contestação na discordância estabelecida entre o testemunho da Verdade dado pelos escritos canônicos e as "verdades" enunciadas posteriormente e impostas como normativas para a fé.

:: **116** :: Para justificar essa contestação fundamental, os reformadores reportaram-se, de um lado, à *Escritura* como única norma doutrinal (*norma normans*), de outro aos enunciados doutrinais formulados anteriormente pela Igreja reunida nos grandes concílios ecumênicos (as confissões de fé concebidas como *norma normata*). Assim, eles contestavam na Igreja estabelecida de sua época (a Igreja romana medieval) sua fidelidade às origens e a continuidade histórica da qual esta se prevalecia: vinha ocorrendo ruptura da unidade *doutrinal* desde a alta Idade Média — a exemplo da ruptura com o Oriente em 1504 —, antes mesmo do século XVI.

:: **117** :: Na opinião dos reformadores, como a Igreja medieval pôde deturpar a tal ponto as normas da autoridade? Questão fundamental, que remetia prioritariamente à questão da *interpretação*: se a Escritura devia ser lida e interpretada segundo um cânon unanimemente reconhecido, de qual autoridade poderia então se prevalecer, de acordo com elas, a autoridade magisterial de interpretação, já que esta se autorizava a explicitar, atualizar, expandir e comunicar o conteúdo dessa verdade da Escritura?

1. A Escritura, única referência de autoridade

:: **118** :: Por fidelidade ao princípio da justificação unicamente pela fé, e na medida em que a teologia da Reforma considerava toda instituição (inclusive a Igreja) uma realização (uma "obra") humana, logo pecadora, somente a inspiração suscitada pelo Espírito Santo na e pela Escritura poderia ser princípio magisterial essencial (*norma normans*), necessário e teologicamente suficiente para se compreender e comunicar fielmente os conteúdos da Revelação escriturística. "Foi dito: 'a Palavra de Deus deve estabelecer os artigos da fé, e mais ninguém, nem mesmo um anjo'", disse Lutero[1].

:: **119** :: Os reformadores consideravam a Escritura a portadora de sua própria norma interpretativa: "*Scriptura ipsius interpres*, a Escritura se interpreta por si só". Nessa perspectiva, a Palavra, o Evangelho, o Cristo assumem valor de sinônimos, e a Escritura traz em si a Palavra como "carrega o Cristo"

---

1. LUTERO, *Articles de Smalkalde*, 1537; FEgLuth., n. 384, p. 259.

(Lutero). A Palavra, o Evangelho, o Cristo colocam-se ao mesmo tempo a favor e como aval da Escritura; esta não tem necessidade de uma autoridade externa para atestar sua normatividade. Essa posição seguia na contramão da teoria católica romana sobre a constituição do cânon escriturístico, segundo a qual a anterioridade da Igreja teria sido indispensável, favoravelmente, para lhe conferir essa normatividade. Nesse sentido, a questão da Escritura era para os reformadores uma questão cristológica, antes de ser um problema eclesiológico.

:: 120 :: A Reforma protestante substituiu a autoridade dos papas e dos concílios da Igreja estabelecida, considerada em ruptura de unidade de fé, pela regra de autoridade do testemunho *interior* do Espírito Santo, única instância de inspiração e de interpretação habilitada a testemunhar e a comunicar verdadeiramente os conteúdos da fé. Agindo sobre a consciência individual e comunitária dos fiéis, só o Espírito Santo poderia operar a compreensão e a interpretação da revelação escriturística; só ele poderia ser a instância magisterial da única tradição reconhecida pelo protestantismo, ou seja, o inalterável "depósito da fé" consignado definitivamente na Sagrada Escritura.

:: 121 :: Para definir a norma de autoridade em matéria doutrinal, a Reforma retomou um princípio fundamental da teologia de Lutero, a saber, a distinção entre o "interior" e o "exterior". Pertence ao domínio do *interior* tudo o que se refere à fé, a graça, a perfeição, a novidade da redenção, do dom e da vida de Deus no homem; ao *exterior*, tudo o que deriva da condição natural do homem sem Deus, o pecado, a lei, a imperfeição, o egocentrismo, as obras, a morte. Pertencendo ao domínio da fé, a norma de autoridade deriva do *interior*; ela é, no entanto, intermediada por diversos elementos do *exterior*[2]. Assim, a Revelação bíblica como Escritura pertence ao domí-

---

2. Cf. *Wider die himmlischen Propheten, Von den Bildern und Sakrament*; WA 18, p. 136, onde Lutero fustiga os "iluministas", que confundem interior com espiritual, exterior com corporal, e creem poder prescindir da mediação da Palavra pela Escritura, pelos sacramentos ou por outros signos exteriores: "Do momento em que Deus transmitiu seu Evangelho, ele o faz de duas maneiras: exterior de um lado, interior de outro. Exteriormente, ele age em nós pela palavra proferida do Evangelho e pelos signos corporais, como o Batismo e o sacramento. Interiormente, ele age em nós pelo Espírito Santo, pela fé e por outros dons. Mas em tudo isso ele age de forma que as coisas exteriores precedem necessariamente as outras. As coisas interiores devem vir em seguida às exteriores, pois Deus decidiu não dar a nenhum homem as coisas interiores sem as coisas exteriores".

nio do *exterior*, mas como Palavra (ou Evangelho) depende do *interior*. Falível por ser escrita humana, torna-se infalível e normativa desde que percebida na fé como Palavra de Verdade.

:: **122** ::   Ao ligar a referência normativa (*interior*) da Palavra à norma histórica (*exterior*) da Escritura, a Reforma apresentava a questão, para cada fiel, da faculdade pessoal de leitura e interpretação *pela fé*. A autoridade de interpretação devia passar também do domínio do exterior ao do interior, da instituição à fé, da escrita ao espírito, da imperfeição à infalibilidade. Porém, em caso de divergência ou mesmo oposição de leitura e de compreensão, quem seria o juiz da veracidade da interpretação (individual ou comunitária)?

:: **123** ::   Ao atribuir ao Espírito Santo a autoridade normativa nessa matéria, a Reforma deixa a questão entreaberta. Uma releitura permanente da Escritura como texto interpretado, em oposição à Escritura como Palavra intérprete, é não apenas um risco possível, mas uma chance indispensável. Por meio dessa questão frequentemente revisitada, a Reforma pretende salvaguardar a liberdade soberana do Espírito Santo. O trabalho de leitura e interpretação na fé realizado pelos fiéis está sempre retomando o fio da história, na submissão à *viva vox Evangelii*, a voz viva do Evangelho. A expressão, tomada de empréstimo aos reformadores[3], de que a Igreja reformada (*Ecclesia reformata*) estava sempre em reforma (*semper reformanda*) sublinhará mais tarde essa contestação permanente da norma de autoridade, a ser sempre redescoberta.

2. Liberdade individual e consciência comunitária

:: **124** ::   Do ponto de vista eclesiológico — "exterior", segundo os termos da Reforma —, há dois campos de exercício da autoridade e da Verdade: 1) a pessoa *individual*, ponto de reencontro do humano e da graça, lugar fundamental e privilegiado onde a Escritura torna-se magistério pela mediação do

---

3. Que nós saibamos, ela só aparece nessa formulação na primeira metade do século XVII.

Espírito Santo; 2) a pessoa *comunitária* dos fiéis, a Igreja, lugar secundário porém indispensável, onde se diz de maneira verídica a Palavra tal como pode ser recebida, interpretada e expressa pelo fiel. Entre esses dois lugares de recepção e de compreensão da verdade do Evangelho, *norma normans* e *norma normata*, deve se exercer uma dialética de regulação permanente, a fim de acalmar — regularmente — a tensão recorrente entre o indivíduo fiel e a comunidade. Dialética que supostamente suplanta a tentação, também permanente, de "amordaçar o Espírito Santo" (Martin Bucer) e de alçar a interpretação contingente ao estatuto de verdade normativa, dogmática e suprahistórica, suplantando, assim, a *norma normans* pela *norma normata*.

:: **125** :: Considerando a Igreja a realidade comunitária onde vivia e florescia a consciência individual do fiel, a Reforma restituiu-lhe, nesse equilíbrio sempre instável entre a verdade normativa e seus enunciados históricos, seu papel de formulação e de verificação da fé, levando em conta sua interpretação e seu testemunho, "exterior" e público. Com isso, os reformadores queriam conjurar o risco de um desvio individualista e de um subjetivismo iluminista, mesmo porque, em última instância, a Escritura pelo Espírito Santo seria sempre o juiz, não a Igreja ou o indivíduo!

> "É muito desagradável", *advertia* Lutero, "que cada um pense que deve entrar na Escritura apenas com sua cabeça, para aí esmiuçar e fazer o que bem entende. Que ninguém se creia autorizado, a menos que seja tomado pelo Espírito Santo![4]". E Calvino *fustigava* aqueles que "como alguns espíritos descerebrados pervertessem todos os princípios de religião, deixando de lado a Escritura para voltar atrás de suas fantasias, sob a sombra de revelação do Espírito Santo"[5].

:: **126** :: Assim, a Igreja poderia reencontrar o dom do testemunho autêntico — eclesial e público — da Verdade[6], mediante um processo de formação contínua, passan-

---

4. Lutero, *Predigten über das 2. Buch Mose*, 1524-1527; *WA* 16, 68. 22-24.
5. Calvino, *IC*, L. I, cap. IX, 1.
6. Cf. este título de um dos tratados de Lutero: *Que uma assembleia ou comunidade cristã tem o direito e o poder de julgar todas as doutrinas, de chamar, instalar e destituir pregadores – Fundamentos e razões extraídos da Escritura* (1523), *Oeuvres*, t. IV, p. 77-89.

do do individual ao eclesial. O Espírito Santo como "doutor", a Escritura como o lugar pedagógico e sua Revelação como o programa. Segundo a terminologia da eclesiologia protestante, a referência *fundamental* de interpretação e de comunicação era transferida do plano "visível" e institucional ("externo") ao plano "invisível" e teológico ("interno"): "A fim de que não tombemos no mesmo fosso [que a Igreja "papista"]", escrevia Calvino, "enterremos inteiramente nossos ouvidos, nossos olhos, nossos corações, nossos pensamentos e nossas línguas na santíssima doutrina de Deus. Pois ela é a escola do bom mestre Espírito Santo, da qual nos beneficiamos de tal forma, que não é caso de acrescentar nada de fora, e devemos ignorar firmemente tudo que nela não seja ensinado"[7].

3. As quatro referências da autoridade normativa

:: **127** ::   As Confissões, que codificam os conteúdos — verificados, reconhecidos e proclamados — da fé, não eram normativas, como a Sagrada Escritura poderia ser, pelo testemunho interior do Espírito Santo, mas atuavam como simples testemunhos de uma fé da qual não eram mestras. No entanto, "*a confissão de fé* [continuava a ser] *uma função fundamental e vital da Igreja*"[8]. Isso significa que a autoridade devia ser exercida no interior desse círculo hermenêutico onde se articulavam e se equilibravam: 1) *A Escritura* como referência dos dons da Revelação; 2) *a consciência individual* como referência fundamental da compreensão da Revelação; 3) *o testemunho comunitário* e público dos fiéis como referência eclesial dos conteúdos da fé; 4) a atualização desse testemunho nos textos normativos, ditos simbólicos, *Confissões de fé*, *Disciplinas eclesiásticas* ou *Catecismos*. Nas Igrejas da Reforma, autoridade e verdade se definiam segundo quatro referências normativas, no equilíbrio instável de sua diversidade, sua unidade e sua complementaridade.

:: **128** ::   Para os reformadores, deveria ser impossível identificar a verdade normativa (a imagem refletida) com sua instância enunciativa (o espelho refletor). Dis-

---

7. CALVINO, *IC*, L. IV, cap. XVII, 36.
8. BIRMELÉ, LIENHARD, *FEgLuth*, introdução, p. 13.

tinção fundamental entre a comunicação pública ("externa") e a doutrina inspirada autenticamente ("interna"), que devia conjurar o risco de divisão arbitrária da Igreja[9]. Ainda que a compreensão pessoal da verdade não pudesse nunca ser "amordaçada" por uma verdade reconhecida de maneira comunitária, esta última não deixava de ser exercer certo papel de guardiã de todo excesso de autonomia interpretativa do fiel individual. A unidade de doutrina estando sob essas condições, "são coisas inseparáveis", ainda segundo Calvino, "que os cristãos sejam puramente doutrinados na Palavra de Deus e, depois que tenham recebido no coração e no espírito o que é lá proposto [a saber, na Escritura], que eles concordem fraternalmente entre si, falando como que por uma só boca e fazendo uma confissão pura e simples"[10].

:: 129 :: Ao recusar-se a identificar a verdade normativa da Escritura à expressão interpretativa da Igreja, a Reforma operava uma inversão na maneira de conceber a autoridade no plano eclesial: "Julgar a doutrina" não era mais o apanágio de instâncias eclesiais superiores *exclusivas* (ou seja, do clero) — e a nuança do "exclusivo" é ainda importante para que não se confira às palavras dos reformadores um sentido antiautoritário —, mas sim a função efetiva de toda a comunidade (o *laos*) dos batizados. Enunciar as verdades de fé era tarefa dos intérpretes teólogos, mas julgá-las segundo sua conformidade ao Evangelho cabia ao conjunto dos fiéis. Escrevia assim Lutero: "A palavra e os ensinamentos humanos estabeleceram e ordenaram que a tarefa de julgar a doutrina seja atribuída somente aos bispos, aos sábios e aos concílios. O que eles decidem, todos devem aceitar como justo e como artigo de fé, como o prova suficientemente a apologia cotidiana que eles fazem do direito espiritual do papa. Pois não aprendemos deles quase nada além disso, exceto o fato de que eles se glorificam de possuir o poder e o direito de julgar quem é cristão e quem é herético. E o simples cristão deve acatar o julgamento e agir conforme ele. […] O Cristo estabeleceu exatamente o contrário: ele retira dos bispos, sábios e concílios o direito e o poder de julgar a doutrina para lhos dar a cada um a todos os cristãos em geral […]. Os bispos, papas, sábios e todos os outros têm

---

9. CALVINO, *IC*, IV, I, 5.
10. CALVINO, *Sermon sur l'Épître aux Éphésiens*, *CO*, LI, p. 432.

o poder de ensinar, mas cabe ao rebanho julgar se eles o fazem com a voz do Cristo ou [com] a voz de estranhos [alusão a Jo 10,4-8]"[11].

4. A unidade doutrinal, garantia da unidade eclesial

:: 130 :: Caberia à unidade doutrinal vivida pelas diferentes instituições eclesiais verificar e atestar publicamente (em latim, *visible*, visivelmente) a normatividade das verdades enunciadas. Os enunciados unanimemente reconhecidos da Confissão de fé (como *norma normata*) testemunham a fidelidade magisterial que a Igreja devotava ao Evangelho (como *norma normans*). A unanimidade desses enunciados demonstrava o respeito irrevogável que as Igrejas prestavam ao princípio reformador da justificação única pela fé, considerada guardiã contra toda pretensão humana de autoridade magisterial, *jure divino* — de direito divino. Pois, escrevia Calvino, "*Deus se mostrará no espelho de sua doutrina; sua imagem o reluzirá*", e não a do homem.

:: 131 :: A indispensável "marca" que deveria ser a *unidade* eclesial era fortemente invocada pela *Fórmula de concórdia* de 1577. Essa "nota" fundamental da Igreja deveria verificar a autenticidade bíblica das verdades, sendo o testemunho público e duradouro: "Para estabelecer na Igreja uma união sólida e durável, é necessário, antes de tudo, ter um sumário que seja a expressão unanimemente aceita da doutrina presente na Palavra de Deus e professada pelas Igrejas que confessam a verdadeira fé cristã. Seguimos, assim, o exemplo da Igreja antiga, que, a esse propósito, sempre teve Símbolos precisos. Este sumário não deve basear-se em escritos privados, mas em livros compostos, aprovados e adotados em nome das Igrejas unidas na mesma fé e que professam a mesma doutrina"[12]. A concepção de autoridade doutrinal, tal como o protestantismo gostaria de colocar em prática, exigia a unanimidade doutrinal como expressão da unidade no próprio seio da diversidade eclesial.

---

11. Lutero, *Que uma assembleia ou comunidade cristã tem o direito…*, Oeuvres, IV, p. 82.
12. *FEgLuth.*, p. 449, n. 933.

II. A tradição protestante após a Reforma

1. A autoridade da consciência individual

:: **132** ::   A Reforma protestante reconhecerá no exercício duplo da autoridade doutrinal — entre Escritura e enunciados de fé — a base de suas regras de funcionamento. Já em 1577, diante das diversas controvérsias que começavam a dividir o protestantismo luterano, a "Fórmula de concórdia", na "Declaração sólida", precisa assim a ordem que deveria prevalecer entre as diferentes instâncias de autoridade: "A Sagrada Escritura permanece a única regra e a única norma; só ela tem a autoridade de julgar; ela é como a pedra de toque à qual se devem submeter a prova todas as doutrinas para que se reconheça se são boas ou más, verdadeiras ou falsas. Quanto aos Símbolos e aos outros escritos, os quais mencionamos, eles não têm, como a Sagrada Escritura, autoridade de julgar; eles são apenas testemunhos de declarações de fé; eles mostram como, nas diferentes épocas, a Sagrada Escritura foi compreendida e interpretada pelos doutores nas controvérsias que agitaram a Igreja, e como as doutrinas contrárias à Escritura foram rejeitadas e condenadas"[13].
Somente a Escritura, sob o efeito de sua inspiração, era Magistério, não os enunciados pós-canônicos, que deveriam ser inspiração fiel dela. Apesar dos desmentidos que a história iria infligir a essa asserção frequentemente reafirmada, todas as confissões de fé e "constituições eclesiásticas" protestantes se rivalizarão a repetir o princípio, quaisquer que sejam as modalidades de aplicação prática.

> :: **133** ::   Diversificando e repartindo as referências normativas da autoridade e da verdade entre quatro parâmetros definidos anteriormente (cf. n° 127), a tradição protestante permaneceu fiel à teologia da autoridade tal como os reformadores a desenvolveram. Ela fez ainda mais: nos contextos polêmicos do período pós-Reforma, conferiu à liberdade pessoal, base da realidade eclesial dos fiéis, a preeminência magisterial sobre toda instância comunitária. Acentuando sua oposição à teologia do magistério definida pela Igreja católica romana e pelo Concílio de Trento, a eclesiologia protestante operou uma inversão aparentemente irreversível no que diz respeito ao lugar e ao papel da instituição eclesial,

---

13. *FEgLuth.*, p. 422, n. 874.

ao afirmar que a relação pessoal (vertical) do fiel com o Cristo tinha sempre primazia sobre sua relação (horizontal) com a comunidade eclesial. Assim, esta última não poderia reivindicar de nenhuma forma — por suas instituições humanas ou afirmações doutrinais — a posição de matriz obrigatória e consagrada da verdade salvífica no Cristo.

:: **134** :: Ao subtrair a regra de fé das instâncias superiores da Igreja, para confiá-la, em primeiro lugar, à livre consciência de todos os fiéis pela Escritura e pelo testemunho interior do Espírito Santo, o protestantismo pós-Reforma correu o risco de romper o indispensável equilíbrio estabelecido pela Reforma entre os quatro parâmetros da autoridade. Ele desencaminhou assim a necessária unidade doutrinal das Igrejas protestantes. A afirmação peremptória da liberdade de consciência, campo de ação do Espírito Santo, princípio doravante invocado e reivindicado como norma fundamental da eclesiologia dos reformadores, provocou divisões continuadas nas Igrejas protestantes, na medida dos desacordos internos entre teólogos e autoridades eclesiásticas. A unidade doutrinal perdeu sua credibilidade e deixou de ser a marca da "catolicidade reformada", então reivindicada pelas primeiras Igrejas da Reforma[14].

2. A autoridade, um dom teológico

:: **135** :: A despeito dessa ênfase desestabilizadora em favor da liberdade de consciência, a tradição pós-Reforma deixou à instituição eclesial, por suas autoridades religiosas e civis, o papel comunitário e público da codificação e do controle dos enunciados da fé. Ela confiou a responsabilidade de ordem teológica desses enunciados a uma nova autoridade, que seria encarregada, inicialmente, de enunciar e redigir os textos doutrinais e, depois, de verificar, ratificar e fazer validar esses textos. Em cada Igreja territorial, as "academias" recém-criadas e seus teólogos pastores foram considerados as melhores instâncias de autoridade capazes de respeitar o princípio absoluto da Escritura como

---

14. Cf. a Confissão helvética posterior de 1566 das Igrejas reformadas da Suíça, intitulada: "Confissão e simples exposição da verdadeira Fé & artigos católicos da pura religião cristã…", p. 25; e ainda p. 93: "[…] item um Pastor do rebanho universal, ou seja, um espírito, uma Salvação, uma fé […]; segue-se necessariamente que só há uma Igreja, aquela que chamamos de Católica…" (ed. J. Courvoisier, Paris, Neuchâtel, 1944).

norma fundamental. Os pastores formados nessas academias foram desde então encarregados da interpretação, da enunciação e da redação das verdades de fé.

:: 136 ::   Tanto por necessidade política como por convicção eclesiológica, a tradição protestante confirmou e acentuou a autoridade estabelecida das instâncias universitárias. Ela lhes confiou o magistério de interpretação da Sagrada Escritura, e as *faculdades de teologia* tornaram-se as caucionárias oficiais da *regula fidei* — a regra de fé para a comunidade dos fiéis. Como consequência de conflitos e divisões, a importância do clero (professores universitários e pastores-teólogos) foi progressivamente ampliada. Esta se tornou uma autoridade interpretativa, pela qual a tradição protestante tentou responder, após o Concílio de Trento, à autoridade magisterial romana em matéria doutrinal ou pastoral. A ordem da territorialidade confessional — o princípio do *cujus regio ejus religio*, "o súdito tem a religião de seu soberano" — consolidou este sistema de autoridade doutrinal ligado às escolas teológicas.

:: 137 ::   O monopólio de interpretação da Escritura e a tarefa de enunciação dos textos confessionais ficaram a cargo dos teólogos e dos pastores protestantes, sem nenhuma contestação, até meados do século XIX, quando os territórios protestantes passaram do Antigo Regime aos regimes republicanos. A tensão entre as duas instâncias — faculdades de teologia e autoridades eclesiais não clericais —, geradora, ao mesmo tempo, de conflitos e de colaborações, manteve-se até nossos dias (cf. o manifesto de 150 teólogos alemães contrários ao texto do acordo luterano-católico de 1999 sobre a justificação pela fé).

:: 138 ::   A outra função de autoridade, a da instância comunitária de verificação, decisão e aplicação, foi assumida por diferentes tradições da Reforma de maneira análoga: nas Igrejas do tipo reformado e presbítero-sinodal, foi devolvida às "Classes" ou "Companhias de pastores", depois aos sínodos compostos especialmente por ministros e uma maioria de leigos. Nas Igrejas de tradição luterana, o exercício recai sobre assembleias parecidas quanto à função, mas diferentes em sua estrutura; por exemplo: aos "consistórios", "consistórios superiores", "inspetorias", ou a outras formas mais próximas do episcopado personalizado[15].

---

15. Cf. o documento do GRUPO DOS DOMBES *Le ministère épiscopal*.

:: **139** :: Assim se exerceu, ao longo dos séculos de divisão confessional, a dupla função de autoridade, doutrinal e prática, definida na complementaridade entre a reflexão individual (a), sua enunciação comunitária (b), e na alternância crítica entre a consciência individual (a') e a instância comunitária (b'). Os quatro parâmetros normativos da autoridade encontraram sob estas formas empíricas sua aplicação na maioria das Igrejas de tradição protestante. A dialética entre a Escritura sempre reinterpretada e a confissão de fé, sempre redefinida, torna-se uma característica do movimento identitário das Igrejas protestantes. No próprio seio da hierarquia de prioridades que se exerce entre as duas normas — a norma que *é* a autoridade e a norma que *faz* a autoridade (a *norma normans* e a *norma normata*) —, estabeleceu-se uma interação permanente, na qual a Escritura conferia à confissão de fé sua autoridade eclesial normativa; em troca, recebia da Igreja confessante a confirmação, sempre renovada, de sua autoridade, ao mesmo tempo permanente e contingente, historicamente fundamental e dogmaticamente preeminente. Nesse movimento de equilíbrio instável, nenhuma das duas instâncias podia funcionar de forma válida sem a outra, cada uma necessitando de sua parceira para encontrar e exercer sua parcela de autoridade.

3. A autoridade conferida ao poder político

:: **140** :: Desde o século XVI veio juntar-se o novo papel que as Igrejas da Reforma confiaram às autoridades *civis* em matéria de autoridade doutrinal[16]. Na falta de instância jurídica reconhecida, capaz de devolver ao direito eclesiástico romano, então contestado, seu papel de autoridade "católica" e validá-lo como "ordenamento eclesiástico" ou os textos de confissão de fé, as Igrejas da Reforma trouxeram de volta ao poder temporal (e não aos pastores-teólogos) o *jus reformandi*, no lugar e na função de autoridades episcopais tradicionais. Uma tensão de autoridade magisterial e disciplinar, inerente a esse casamento de dois poderes, manifestou-se em todo o protestantismo posterior, de maneira recorrente e frequentemente conflituosa (basta lembrar, ainda no século XX, a crise da Igreja luterana alemã sob o regime hitlerista).

---

16. Cf. LUTERO, *Appel à la noblesse chrétienne de La nation allemande*, in *Oeuvres*, t. II.

:: **141** ::   Sob o Antigo Regime, a elaboração de textos definidores e limitadores da verdade de fé (confissões de fé, disciplinas eclesiásticas, catecismos, liturgias) era confiada a assembleias estritamente clericais, que reuniam doutores, pastores e outros ministros reconhecidos. As decisões de tais assembleias deviam ser ratificadas e validadas publicamente pelo poder jurídico (constitucional) de autoridades seculares, soberanos ou oligarquias locais. Sob os regimes republicanos, frutos das revoluções do século XIX, essa autoridade jurídica recaiu sobre assembleias sinodais ou consistoriais predominantemente "laicas", com decisão por maioria simples, segundo o sistema parlamentar imposto pelos novos poderes seculares. Com essa nuança, a autoridade civil permanecia, nas regiões onde a Igreja mantinha seus laços com o Estado, a instância de validação jurídica e social das decisões tomadas pelas instâncias eclesiais (sinodais ou consistoriais).

:: **142** ::   A despeito de sua multiplicidade e sua diversidade ao longo da história, os textos da confissão de fé, sempre revistos, não cessavam de lembrar as quatro referências "matriciais" da concepção da autoridade, doutrinal e prática: a Bíblia (e sua leitura) como norma fundamental; a liberdade individual de consciência como receptáculo dessa leitura; os teólogos e pastores como seus intérpretes; as confissões de fé como sua atualização e seu testemunho públicos. Referências da autoridade que eram chamadas a se exercer prioritariamente e de maneira unificadora nos seguintes campos teológicos: a leitura dos textos bíblicos; a confissão pessoal do fiel; a compreensão do ministério da Igreja como sacerdócio colegiado de todos os batizados (princípio do "sacerdócio universal"); a teologia de escola (universitária) e seus lugares de elaboração, a proclamação pública de textos confessionais unanimemente reconhecidos pela Igreja (confissões de fé ou catecismos). O conjunto desses campos era dirigido pela regra evangélica e teológica cardeal da justificação pela fé (única), que (unicamente) podia garantir a absoluta soberania de Deus sobre a Igreja e a unidade da fé dos fiéis.

4. A unidade doutrinal na diversidade institucional

:: **143** ::   Na prática eclesial, e apesar das múltiplas divisões internas, o equilíbrio entre os quatro parâmetros de autoridade devia permanecer garantido *qualquer que fosse o regime eclesiástico* em vigor. Em todas as Igrejas confessionais que se queriam fiéis às suas origens reformadoras, o princípio da livre consciência da pessoa, lugar de inspiração bíblica, estava sempre afirmado como princípio fundador da diversidade legítima no seio do corpo eclesial. Esta reivindicação deveria permitir, em matéria de doutrina, que se escapasse de qualquer comunidade eclesial restritiva que, sob o pretexto de imperativos doutrinais ou necessidade de uniformidade, "amordaçasse o Espírito" e agisse contra o princípio da justificação apenas pela fé ou ao do ministério da Igreja compreendido como "sacerdócio universal" da multiplicidade dos fiéis.

:: **144** :: Em virtude desse equilíbrio de quatro referências normativas da autoridade e da dialética entre a unidade e a diversidade no próprio interior do corpo eclesial, as Igrejas da Reforma nunca puderam se prevalecer *jure divino* de uma autoridade ou de uma verdade de tendência uniformizante, da qual elas se pretendiam detentoras, de forma preeminente, magisterial ou vicária. E, se a excomunhão "menor"[17] foi praticada pelos consistórios de algumas Igrejas reformadas do Antigo Regime, ela deveria ser como que uma medida disciplinar temporária, para salvaguardar *jure humano* essa unidade ameaçada, não para excluir a diversidade de interpretação ou de prática de uma fé paradoxalmente vivida como unânime e plural.

:: **145** :: A instância eclesial na qual deviam se conjugar concomitantemente a diversidade de normas de autoridade e a unanimidade reconhecida da fé era a *assembleia sinodal* ou *consistorial* — em diferentes âmbitos: nacional, regional, cantonal[18*], paroquial. Em algumas Igrejas confessionais ditas "reformadas", ela atuava de maneira autônoma; em outras, de tipo luterano ou calvinista, atuava em colaboração com as autoridades seculares investidas de uma responsabilidade eclesial inédita. São a emanação de tais instâncias eclesiais de autoridade, por exemplo: a Confissão de Augsburgo (1530), a Confissão conhecida como La Rochelle (1559), a Confissão helvética posterior (1566), a Fórmula de Concórdia das Igrejas luteranas (1577), os Artigos do Sínodo de Dordrecht (1618), as confissões de fé de tais Igrejas nos séculos XVII e XVIII[19], ou ainda, mais recentemente, a Confissão de fé de Barmen (1934) e a Concórdia de Leuenberg (1973).

17. Ou seja, a exclusão da Santa Ceia.
18*. Referente a cantão, divisão geopolítica utilizada em alguns países da Europa. (N. da T.)
19. Cf. *Confessions e catéchismes de la foi réformée*, éd. O. Fatio et al., Genève, Labor et Fides, 1986; *Confessions de foi réformées contemporaines*, éd. H. Mottu et al., Genève, Labor et Fides, 2000.

:: **146** :: Nas Igrejas territoriais da Reforma, as assembleias de tipo sinodal ou consistorial sucederam as instâncias diocesanas católicas romanas. Inicialmente sob a forma clerical (até o século XIX), em seguida com a maioria não clerical (à época dos regimes republicanos), essas instâncias de autoridade funcionaram colegiadamente e detinham as três formas de poder de decisão tradicionalmente reservadas às instâncias eclesiásticas, a saber: a autoridade em matéria doutrinal, em matéria disciplinar (moral) e em matéria jurídica (ordenações ou constituições). No entanto, esse triplo poder de autoridade não conferia aos sínodos ou aos consistórios nenhum meio de direito que, no final das contas, obrigasse os fiéis a abdicar de sua liberdade de consciência individual em prol de exigências (doutrinais, morais ou jurídicas) de textos públicos (confissões de fé ou constituições eclesiásticas).

5. Uma autoridade contestável e frequentemente contestada...

:: **147** :: Ao longo de sua história, as Igrejas protestantes cuidaram de se manter fiéis, em teoria, a essa concepção reformadora da autoridade, velando pelo equilíbrio de seus diferentes parâmetros. Na prática, porém, no decorrer de épocas, contextos sociais e regimes políticos diversos, tanto a definição de diferentes referências da autoridade como sua aplicação na vida das Igrejas foram ocasião de contestações recorrentes: ora a normatividade do princípio bíblico se mostraria irrealizável em sua absoluta preeminência; ora a normatividade doutrinal de textos de confissão de fé seria contestada; ora a legitimidade da livre consciência e de sua preeminência sobre qualquer outro critério de pertencimento à Igreja seria questionada; ora o poder restritivo da autoridade (*norma normata*, no caso da Confissão de fé) sobre a consciência individual seria publicamente recusada. O princípio da livre consciência foi especialmente afirmado como prioritário nas situações polêmicas com as Igrejas antagonistas (por exemplo, na França nos séculos XVI e XVIII), o contexto pondo em perigo o frágil equilíbrio entre as quatro normas. Por outro lado, a normatividade prioritária da Confissão de fé serviu muitas vezes de argumento restritivo no interior de outras Igrejas protestantes.

6. Uma dinâmica instável...

:: **148** :: Tal como foi evidenciado pela análise histórica, o problema da autoridade doutrinal nas Igrejas da Reforma é o de uma contestação recorrente que faz parte da própria identidade do protestantismo. O fenômeno teve sua origem no princípio da *ambivalência*, caro à teologia da Reforma, em particular à de Lutero. Para essa teologia, a realidade — do homem, do mundo, de Deus — e a percepção que o homem pode ter dela são sempre duais, marcadas por termos complementares e contrários.

:: **149** :: Este princípio da compreensão paradoxal da realidade e da verdade encontra-se nos seguintes domínios: *filosófico e teológico* (por exemplo: as questões da autoridade e da verdade, da razão e da fé, da asserção e da dúvida, do mistério e da revelação, do Deus misericordioso e do Deus juiz...); *antropológico* (o "exterior" e o "interior", o antigo e o novo, a consciência individual e a confissão comunitária...); *ético* (o pecado e a justiça, o mérito e a santificação...); *eclesiológico* (a Igreja "visível" e a Igreja "invisível", a Palavra e a Escritura, o Espírito Santo e o magistério eclesial...).

:: **150** :: Na teologia da Reforma, em particular com Lutero — que retoma e desenvolve ao extremo essa nova maneira de fazer teologia —, todos os termos próximos da problemática "autoridade e verdade" são pensados e explicitados de maneira dual, em pares. Daí o caráter fundamentalmente *dialético* e *crítico* do pensamento teológico reformador e protestante. Eliminar essa característica seria neutralizar seu aspecto inovador e original na história da teologia ocidental. A importância onipresente da fórmula luterana do *simul-simul* ilustra esse fato: a progressão harmoniosa do pensamento entre a razão e a fé, que poderia caracterizar a teologia metafísica, aristotélica e medieval, é doravante contestada pelo nervosismo dialético que caracteriza a maneira reformadora de fazer teologia. Nesse processo de investigação de verdades teológicas, éticas e eclesiológicas, todos os termos são *simultaneamente* complementares *e* antagonistas.

:: **151** :: No mais, essa ambivalência é considerada *total*: Deus é ao mesmo tempo e totalmente Amor e Juiz, o homem é ao mesmo tempo e totalmente justo e pecador (cf. o termo fundamental *totus* — totalmente — para Lutero). Apenas podemos conhecer a realidade nessa e por essa ambivalência inevitável. Toda apreensão do real que ultrapassa essa ambivalência, verificada tanto pela experiência humana como pela revelação bíblica, ressalta a especulação "sofística" (Lutero) ou a ficção ideológica. Segundo o pensamento da Reforma, a condição e a existência humanas só podem ser percebidas *real* e *verdadeiramente* na experiência permanente deste paradoxo da simultaneidade e da totalidade dos contrários.

7. Da ambivalência à crise...

:: **152** :: Este princípio de uma compreensão ambivalente da realidade é aplicado pela Reforma à consciência do fiel, por um lado, e à compreensão da Igreja, por outro. Reportando-se à consciência do fiel como lugar normativo da autoridade e da verdade, o princípio da ambivalência deve servir de proteção contra toda absolutização unívoca e uniformizante, toda reivindicação de infalibilidade, também e mesmo da consciência como norma de autoridade e de verdade. Não é a consciência que deve ser alçada ao *status* de norma, mas a Palavra de Deus — o Cristo — que aí se faz ouvir. Assim, o princípio da consciência — ou da inspiração — individual deve ser, ele mesmo, contestado em sua normatividade, nesse caso, pela afirmação crítica da anterioridade da Palavra na Escritura e de sua preeminência sobre toda compreensão individual e privada.

:: **153** :: Da mesma forma, o princípio da ambivalência serve de argumento contra a valorização excessiva de toda norma comunitária ou pública, eclesial ou secular, e de sua reivindicação de ser referência primordial de enunciação, de verificação ou de codificação das verdades da fé. O enunciado eclesial da Confissão de fé, como a consciência individual, deve certamente ser reafirmado em sua normatividade, mas também contestado em sua eventual reivindicação de exclusividade. Correção e infalibilidade, santidade e pureza caracterizam bem a normatividade da autoridade e da verdade como compreendidas e definidas pela Reforma. Ao mesmo tempo, contingência e relatividade histórica, pecabilidade e falibilidade, infidelidade e falta de fé também a caracterizam.

:: **154** :: Assim, para além das contradições, autoridade e verdade normativas, percebidas em sua quádrupla dimensão — a Escritura, a consciência pessoal, a confissão de fé e a Igreja —, devem ser uma autoridade e uma verdade *absolutas*, totais, sem pecado, sinais de Deus, e não dos homens. Em outras palavras, uma autoridade e uma verdade cristocêntricas, marcadas pela preeminência do Cristo-Palavra e de seu Espírito sobre toda norma antropocêntrica, seja ela a consciência individual ou a confissão de fé eclesial. É sob essa quádrupla expressão paradoxal e nessa complexidade jamais resolvida que a análise histórica pode lançar os desafios, teológicos e práticos, do problema da autoridade na eclesiologia protestante.

:: 155 :: A título de exemplo, podemos observar a prática e a teologia da consagração (ordenação) para o ministério nas Igrejas reformadas atuais. A confissão de fé da Igreja que consagra — o antigo texto da interrogação e da promessa dos novos ministros e norma de verificação de suas verdades de fé — tornou-se um simples elemento litúrgico. Ainda que os candidatos sejam examinados quanto a seus princípios de interpretação da Escritura, não mais o são quanto à sua fidelidade dogmática aos conteúdos dessa confissão. Essa situação mantém-se até nossos dias, com versões mais ou menos radicais entre as diferentes Igrejas protestantes.

:: 156 :: Outro exemplo desse fato: a confirmação do Batismo. À medida que eram introduzidas nas Igrejas da Reforma, desde as exortações do reformador Martin Bucer ou do *Pequeno catecismo* de Lutero, as sucessivas gerações de catecúmenos eram interrogadas e compromissadas pela fórmula cara a Lutero: "Crês tu nisto?". Atualmente, esse tipo de engajamento com base na confissão de fé deixa progressivamente de ser exigido, com raras exceções, com o testemunho confessante do catecúmeno frequentemente substituído ou suplantado por um gesto de bênção por parte da Igreja.

:: 157 :: Ainda outro exemplo: o debate contraditório que agitou as Igrejas reformadas membros da Federação das Igrejas Protestantes da Suíça (FEPS). O problema da autoridade doutrinal, exercida de maneira federativa e sinodal, exacerbou-se desde que ressurgiu a questão da consagração (ordenação) para o ministério ou a questão da prática dos sacramentos[20]. Basta mencionar o problema da recepção do documento de Fé e Constituição (BEM) por essas mesmas Igrejas e a recusa da maioria de seus delegados de reconhecer em "assembleia geral" o valor consensual ou referencial deste documento em matéria doutrinal.

20. Cf. Federação das Igrejas protestantes da Suíça – Conferência das Comissões de liturgia, *Convention au sujet des Ministères et de La Consécration et son Commentaire*, Berne, FEPS, juillet 1999.

:: ::   :: ::

Recapitulação dos desafios da Reforma e da tradição protestante

1. Uma contestação recorrente

:: **158** ::   *A crise de autoridade ressurge na Igreja protestante desde que uma pessoa individual e privada ou que uma instância comunitária e pública rompe a igualdade dos quatro parâmetros da autoridade[21] e reivindica uma supremacia infalível, invocando por si mesma — e não por Deus unicamente — uma suposta correção, no entanto despedaçada pelo princípio da ambivalência. Essa reivindicação se esquece sempre de que em matéria de fé ela só pode florescer sob a restrição das consciências, contrariamente à afirmação fundamental da justificação apenas pela fé. A dialética dos "dois reinos", cara a Lutero, implica que toda autoridade humana em matéria de fé permanece sempre relativa, impossibilitando todo exercício supostamente infalível e definitivamente normativo.*

:: **159** ::   *Essa contestação, em virtude da apreciação ambivalente de toda realidade, se verifica logo cedo na história do protestantismo: de maneira polêmica e antes mesmo que o movimento "protestante" tivesse dado lugar a suas novas formas de Igreja ditas "luteranas", "reformadas" ou outras, a única autoridade em matéria de verdade de fé continuou a ser a consciência individual e a liberdade absoluta tais como as reivindicava o movimento reformador nos anos 1520-1530. Apesar disso, a despeito de toda nova importância teológica atribuída ao parâmetro da individualidade, a própria Igreja, garantia da tradição e da verdade bíblicas, foi praticamente (orgânica e constitucionalmente) investida da autoridade doutrinal.*

:: **160** ::   *Exacerbada constantemente pela controvérsia com as tendências espiritualistas, a crise da interpretação da Escritura, geradora de repetidas divisões entre Igrejas protestantes, só pode a cada vez ser suplantada pela revaloriza-*

---

21. Cf. acima nº 127.

ção de certa hierarquização institucional das quatro normas de autoridade tais como foram aqui apresentadas. No próprio seio dessas Igrejas se impõe como parâmetro prioritário, público e exclusivo a normatividade da confissão de fé da Igreja, seja esta submissa à autoridade temporal (por exemplo, pelo princípio do cujus regio ejus religio, "o súdito tem a religião de seu soberano") ou apenas às instâncias eclesiásticas. Quem quer que se permita recusar a normatividade eclesiástica da confissão de fé, sob pretexto de motivos de consciência individual e privada, deve ser combatido e, no limite, exilado do território confessional. Assim, o equilíbrio instável do princípio de autoridade e sua quádrupla normatividade são postos em crise permanente.

2. A hierarquia das autoridades e sua contestação

:: **161** :: Esse é outro desafio devido a essa contestação permanente. Desde a época em que se consolidaram as "ortodoxias" protestantes, por volta da segunda metade do século XVI, as Igrejas da Reforma vão fazer da confissão de fé o reflexo institucional, visível, verídico e restritivo do "depósito da fé" (a tradição), nos planos público, pessoal e privado. A distinção inicialmente posta em relevo pelos reformadores entre o "em público e em privado — publice et privatim" (Bucer) não é mais respeitada. De uma só vez, as comunidades eclesiais querem conferir à suposta "verdadeira" Igreja — a Igreja recentemente reformada — a função de autoridade magisterial, chamada a regular ao longo da história os dons fundamentais da fé. O desequilíbrio entre o exercício das quatro normas de autoridade pode encontrar aí sua explicação.

:: **162** :: Constatamos que esses desequilíbrios engendram — praticamente, mas não teologicamente — uma hierarquização das normas de autoridade que permite assimilar momentânea e parcialmente os excessos da diversificação, na alternância de momentos críticos e de tempos de paz. Apesar disso, o princípio da pluralidade de instâncias de autoridade continua a conferir ao problema sua característica de contestação institucional, seu tensionamento recorrente, sempre em movimento, muitas vezes causador de separações.

:: **163** :: *Essa hierarquização contradiz de fato o projeto reformador inicial e sua visão teológica. A dificuldade inerente ao funcionamento deste sistema ao longo da história evidencia o risco paradoxal de pulverização desordenada, de contradição entre a teoria e a prática, entre o evento reformador e sua institucionalização eclesial. O exercício da autoridade empaca então em uma luta velada de poder entre as diferentes instâncias, sem que nenhuma delas consiga, no final, se impor ou se justificar como norma magisterial única e prioritária, em conformidade com o projeto reformador original.*

3. Da normatividade à exemplaridade...

:: **164** :: *Durante cinco séculos de protestantismo, o problema conhece assim dois grandes períodos: o primeiro vai do século XVI a meados do século XIX; o segundo, da época da Revolução aos nossos dias. Ambos permitem verificar os desafios da questão e a impossibilidade de reduzir os efeitos a um denominador comum. Entre a concepção de uma autoridade fundamentada na unidade de doutrina, de um lado, e sua aplicação diversificadora, de outro, surgem efeitos contraditórios que permanecem. Estes permitem que se verifique a tensão complexa entre o projeto inicial e sua realização histórica, entre as afirmações teológicas fundamentais e os compromissos eclesiológicos sucessivos de um movimento eclesialmente separador, nunca assimilado.*

:: **165** :: *Até meados do século XIX, as Igrejas protestantes mantiveram a profissão comunitária de um mesmo texto doutrinal como princípio eclesial de autoridade, de verdade e de unidade em matéria de fé. Após a constestação das Luzes e o surgimento dos regimes republicanos, estes textos — por exemplo, os dos antigos concílios ecumênicos, a Confissão de Augsburgo (1530), a Confissão helvética posterior (1566) ou qualquer outro texto redigido e adaptado localmente ao longo dos séculos —, ainda que mantidos por direito, tornaram-se simples textos de referência exemplar, introduzidos nas constituições eclesiásticas à guisa de definição confessional e política, mas não de norma restritiva em matéria de autoridade ou de verdade de fé.*

:: **166** ::   O papel preeminente dessa autoridade eclesial logo desaparece, em prol de uma liberdade do indivíduo membro da Igreja, que deixa aleatória a referência comunitária, normativa e restritiva a um mesmo enunciado de fé. Isso ocorre tanto para os ministros como para os fiéis. Daí resulta que cada fiel protestante pode se tornar seu próprio magistério em matéria de fé; ele só deve prestar contas à sua própria consciência inspirada, à qual cabe assim o papel prioritário na hierarquia de normas de autoridade. Aquilo que podemos chamar, após a queda do Antigo Regime, de individualismo (eclesial) protestante é a consequência disso — benéfica na opinião de alguns, inconveniente para outros.

4. O círculo vicioso da autoridade entre os protestantes?

:: **167** ::   Em suas evoluções históricas, a questão da autoridade no seio das Igrejas protestantes atesta, desse ponto de vista, a importância do princípio da ambivalência caro à teologia da Reforma. Ambivalência entre o projeto inicial e dogmático, de um lado, e sua prática histórica e institucional, de outro. Os dois permanecem em tensão dialética, e nenhuma das instâncias de autoridade pode reivindicar uma preeminência de direito exclusiva. Mesmo que uma das quatro normas reivindique de fato tal preeminência, isso só poderá se dar de maneira contingente, contestável e contestada. As circunstâncias históricas encarregar-se-ão sempre de relançar a instabilidade por uma nova contestação. Se a hierarquização de fato de diferentes referências de autoridade permite que o problema deixe, aparentemente, de se configurar como uma crise, a solução pragmática e "protestante" parece conferir à questão da autoridade doutrinal em instituição eclesial um caráter sempre relativizado, aleatório e nunca resolvido a contento.

:: ::   :: ::

::::: SEGUNDA SEÇÃO :::::: NA IGREJA CATÓLICA, A NOVA FIGURA DO MAGISTÉRIO "VIVO"

:: **168** :: Diante da contestação da Reforma, a Igreja católica viveu, no curso dos tempos modernos e até a época contemporânea, uma evolução importante, durante a qual emergiu uma figura completamente nova do magistério. Para nosso projeto, importa analisar as grandes linhas dessa evolução e tirar daí os ensinamentos principais.

1. O Concílio de Trento

:: **169** :: O Concílio de Trento não abordou diretamente a questão dogmática do magistério, pois seus membros tinham opiniões muito opostas a respeito. No entanto, o concílio foi conduzido com eficiência pelos legatários do papa, sem que a assembleia contestasse a atuação deles. Ele representa, na prática, uma mudança de rumo na história do magistério doutrinal da Igreja católica. Daí em diante, o bispo de Roma ocupa um lugar superior a qualquer outro no campo da afirmação da ortodoxia.

:: **170** :: Assim chegamos à época do conciliarismo, na primeira metade do século XIV, cujos teóricos são Marsílio de Pádua e Guilherme de Occam. Eles atuaram no sentido de tirar a Igreja do *imbroglio* e do escândalo da coexistência de diversos papas. Essa eclesiologia, ainda que continuasse a alimentar certas correntes de pensamento, especialmente na França, não tinha mais condições de se impor. Os esforços dos papas, desde Martinho V (papa de 1417 a 1431), para restaurar sua autoridade foram, enfim, coroados de sucesso. A dolorosa possibilidade de um papa herético, ainda considerada por teólogos e canonistas medievais, deixou de preocupar as consciências. A partir de então admitia-se que o papa tinha autoridade sobre o concílio.

:: **171** :: Algumas características do Concílio de Trento interessam-nos particularmente em nossa pesquisa:

— Foi um concílio defensivo, que pretendia posicionar-se diante da Reforma protestante. Os Padres conciliares elaboraram um *corpus* de documentos doutrinais e pastorais de grande coerência, mas que, pelo tom de certos enunciados, e também por seu caráter parcial e unilateral, em virtude da polêmica contra os reformadores, assinalava o fim das esperanças de restauração da unidade da cristandade ocidental. Este *corpus* doutrinal lhes dava, por outro lado, um instrumento eficaz para bem administrar a reforma pastoral e disciplinar, então desejada com determinação.

:: **172** :: — Foi obra de universitários, a maior parte deles religiosa. Trento foi marcado, de fato, pela presença numerosa deles, em particular dominicanos e franciscanos. Seus conhecimentos conferiram às elaborações conciliares uma precisão nunca antes vista, mas lhes deram também um caráter por demais abstrato e afastado das expectativas religiosas dos homens e das mulheres da época.

:: **173** :: O concílio de Trento conserva uma grande flexibilidade na apresentação do que a Igreja solicita como adesão de fé de seus fiéis. Ele não está mais obcecado pela vontade de balizar e de controlar todas as expressões da fé. Por exemplo, em matéria de ensinamento, Trento estima que *a Igreja não erraria* em ensinar uma ou outra doutrina ou em impor uma ou outra prática disciplinar, sem necessariamente condenar uma posição diferente[22]. É sobretudo neste sentido reduzido que o concílio invoca uma "infalibilidade" que é, antes, uma "indefectibilidade". Mas ele mantém um jogo entre o que a Igreja crê que deva exigir de seus fiéis em nome da missão de salvação e o formalmente revelado ou *irreformável*.

:: **174** :: É no período pós-tridentino que o magistério vai assumir, pouco a pouco, a forma "moderna" que conhecemos, comportando, em particular, um considerável reforço da autoridade magisterial de Roma e um endurecimento tanto nas formulações como nas condenações. Ao mesmo tempo, suas intervenções vão ser multiplicadas e seu campo estendido.

---

22. A propósito da indissolubilidade do matrimônio, por exemplo, o concílio se prende à afirmação de que "a Igreja não se engana" quando ensina que o laço do matrimônio não pode ser rompido pelo adultério de um dos cônjuges, e mesmo que o cônjuge inocente não pode contrair outro matrimônio enquanto viva o outro cônjuge (cân. 7 sobre o matrimônio; *DzH*, 1807). O concílio não quis condenar a prática das Igrejas ortodoxas neste caso.

2. A recepção do concílio

:: **175** ::   A acolhida do concílio se deu em ritmos diferentes conforme o país, muitas vezes em função do estado das relações das nações com o papado. Mas podemos dizer que se deu em profundidade, pois respondia a fortes aspirações por uma reforma católica.

Ele dava, de fato, às Igrejas que permaneciam ligadas a Roma um conjunto doutrinal e pastoral coerente, que contribuía para a reconstrução de uma unidade. O acordo sobre o primado pontifical que o concílio veiculava supunha uma opção prévia sobre a unidade, que deveria ser majoritária, pois após a ruptura com a Reforma a questão que se tornou essencial foi a da unidade. Para muitos (como para Inácio de Loyola e seus primeiros companheiros), Roma era uma nova Jerusalém, já que estava posta simbolicamente acima de fragmentações em Igrejas locais. O conjunto da obra conciliar era sustentado pela esperança de uma unidade a ser reconstruída em torno do Cristo e de seu vigário na Terra, o papa. Aos olhos dos homens daquela época, a unidade era um valor de muito mais importância que a liberdade pessoal. A unidade autorizava o uso da coerção, quando a persuasão oral se revelava ineficaz. Era essa concepção, "mística" por todo um aspecto, que conduzia os homens — por sinal, muito conscientes dos limites humanos e de possíveis desvios autoritários de papas — a aderir a uma obediência que eles se esforçavam por manter até a obediência de julgamento[23].

:: **176** ::   Ao contrário, o trauma causado pelo rompimento da unidade não deixou mais de habitar o inconsciente coletivo da Igreja católica e, em particular, de alimentar o trabalho do magistério. Essa razão importante explica os endurecimentos doutrinais e jurídicos do período pós-tridentino, endurecimentos que não se faziam sentir no período medieval[24]: Índex, excomunhões numerosas etc.

:: **177** ::   Além disso, esse movimento se estendeu, a partir da segunda metade do século XVI, sobre um fundo de crises econômicas e sociais, guerras em sua maioria

---

23. Quer dizer, a obediência que não se contenta em executar as ordens recebidas, mas que se esforça em adotar pela vontade e pela inteligência o ponto de vista do superior.

24. Que é conhecido de outros de natureza diferente, como o funcionamento da Inquisição.

religiosas, que sucederam a uma primeira metade dinâmica e otimista, o "belo" século XVI. Ele acompanhou a ascensão do modelo hierárquico dos estados-nação cujo soberano exerce um poder cada vez mais centralizado e forte; de fato, frequentemente ia de encontro às pretensões de príncipes e reis que desejavam exercer sua autoridade em matéria religiosa.

:: **178** :: A necessidade de reforçar a unidade dos tecidos da cristandade que ficaram ligados a Roma e a vontade de expandir o poder espiritual do papado foram então conjugadas para acentuar a autoridade magisterial do papa, pois, no momento em que Roma se aprontava para reformar seu modo de presença na cena política e social do mundo, achou por bem compensar seu recuo com o aumento do poder espiritual e doutrinal.

:: **179** :: O papado pôde se apoiar num bom número de teólogos. Entre eles, Roberto Belarmino (1542-1621) desempenhou um papel particularmente importante. Ele desenvolveu um modelo eclesiológico inspirado nas monarquias que rumavam para o absolutismo, tendo o papa como supremo soberano. O crescimento da autoridade doutrinal dos papas, no entanto, não ocorreu sem resistências.

3. As resistências ao fortalecimento da autoridade pontifical

:: **180** :: Os sucessivos papas iriam — com maior ou menor violência, de acordo com suas personalidades e as circunstâncias — se chocar contra as resistências de poderes nacionais, bem como de Igrejas locais. A oposição foi, ao mesmo tempo, política e religiosa. O galicanismo, na França, é um bom exemplo disso. Mas encontram-se na maioria das nações europeias em formação correntes de pensamento que lhe são aparentadas.

:: **181** :: Ainda que a palavra galicanismo só comece a figurar no idioma no final do século XIX, a realidade que ela identifica é verdadeiramente antiga. A velha concepção medieval de autoridade religiosa que os reis recebiam em sua unção era ainda aceita de forma quase unânime. Era especialmente sustentada na época do Concílio de Trento por uma maioria de juristas, pela Faculdade de Teologia de Paris e pela maior parte dos bispos, que o rei tradicionalmente protegia das investidas de ordens mendicantes encorajadas pelo papa. Francisco I, por exemplo, considerava-se e era reconhecido como um rei-sacerdote, vigário do Cristo, que recebera a missão de conduzir seu povo em direção ao Reino de Deus, na unidade e na justiça. Igualmente, se Catarina de Médici acreditava ser seu dever, em 1561, reunir o colóquio de Poissy em nome do rei, seu filho, para resolver questões teológicas que dividiam os cristãos, ela o fez em nome dessa mesma investidura.

:: **182** :: Apoiando-se nas teses conciliaristas, o galicanismo dos homens da Igreja traduzia uma eclesiologia marcada por suas concepções políticas de um poder que respeitasse instâncias intermediárias. O movimento era extremamente preocupado em defender a autoridade pastoral e doutrinal dos bispos, em conjunto com a do papa. Seus representantes consideravam que a autoridade espiritual era conferida por Deus ao papa e aos bispos, tanto que as decisões doutrinais ou disciplinares do papa não tinham autoridade em si (*ex sese*), mas apenas com o consenso da Igreja (*ex consensu Ecclesiae*).

:: **183** :: Encontramos nessa corrente de pensamento a grande figura de Bossuet, defendendo a indefectibilidade da Igreja. Se há erros, pensa ele, eles não têm origem na fé da Igreja de Roma, não passam de questão pessoal referente ao papa então no posto. A seguinte proposição: "Nas questões de fé, o soberano pontífice desempenha um papel principal, e seus decretos referem-se a todas e a cada uma das Igrejas; seu julgamento não é, no entanto, irreformável, desde que o consenso da Igreja não esteja com ele"[25], redigida por Bossuet e promulgada pela Assembleia do Clero de 1682, foi condenada em 1794. Sua rejeição inspirará a redação final da definição de infalibilidade pontifical do Vaticano I.

:: **184** :: O movimento de centralização da autoridade doutrinal se encontrou assim no caminho do jansenismo, que se situava, na França, na mesma linha do galicanismo. Antoine Arnauld expressou em 1656 a legitimidade do "silêncio respeitoso", indicado pela deferência devida ao pontífice romano, perante afirmações que se podiam considerar falsas. Ele o fez em referência à Constituição *Ad sanctam*, de Alexandre VII, que condenava cinco proposições tidas como pertencentes formalmente ao *Augustinus*, de Jansênio. Arnauld fez uma distinção entre o direito e o fato: de direito, as proposições eram condenáveis, mas de fato elas não se encontravam na obra de Jansênio.

25. Apud SESBOÜÉ, B. *Histoire des dogmes*, Paris, Desclée, 1996; t. IV: *La parole du salut*, p. 183.

:: **185** :: A questão teve desdobramentos no início do século XVIII. Clemente XI condenou veementemente o "silêncio respeitoso". Nesse debate, houve a intervenção de Fenelon, um opositor ferrenho do jansenismo. Ele acreditava que a Igreja era infalível não somente a respeito dos dogmas propriamente ditos, mas também a respeito dos fatos dogmáticos não revelados, como era, por exemplo, o fato de que as proposições condenadas se encontravam em Jansênio[26]. O ponto de vista de Fenelon elevou o tom da oposição de inúmeros teólogos. Por outro lado, os meios romanos queriam encorajá-lo a defender a infalibilidade pessoal do papa, o que ele recusou[27].

:: **186** :: Esse desejo de centralização, portanto, elevou o tom dos debates e encontrou oposições. Nenhuma, porém, revelou-se insuperável. O movimento de centralização, no entanto, pagou um alto preço. Pouco a pouco, em particular durante o século XVIII, assistiu-se a uma desvitalização de diversas formas de expressão da experiência religiosa, em prol do magistério. Foi o fim do magistério dos teólogos, aos quais não mais seria solicitado que justificassem teologicamente os posicionamentos pontificais. Foi o fim, igualmente, da autoridade dos místicos e da expressão mais livre da experiência espiritual que seus ensinamentos propunham desde a Idade Média.

:: **187** :: Tal rigor e, por vezes, tal provocação para com as autoridades locais acabaram também por desgastar algo da autoridade pontifical. Ao longo do século XVIII assistiu-se a uma lenta erosão de diversas formas de consenso religioso e a um lento desligamento em relação às formas tradicionais da vida religiosa. O argumento da autoridade passou a valer menos.

4. De Trento ao Vaticano I

:: **188** :: Entre Trento (1545-1563) e o Vaticano I (1870), a Igreja católica não reuniu nenhum concílio. No contexto histórico que acabou de ser descrito, essa constatação

---

26. Mas não é certo que Fenelon dava ao termo infalibilidade o sentido atual que engaja a irreformabilidade da afirmação. Sobre essa questão, cf. J.-F. CHIRON, *L'infaillibilité et son objet. L'autorité Du magistère infaillible s'étend-elle aux vérités non révélées?* Paris, Cerf, 1999, p. 71-119.
27. L. COGNET, Fénelon, in *DHGE*, t. XVI, col. 983.

exterior é o sinal de uma mudança de figura no exercício do magistério e de inúmeros deslocamentos, solidários entre si, que podemos caracterizar da seguinte maneira[28]:

:: **189** :: Deslocamento da *tradição* transmitida em direção ao *órgão* encarregado de transmiti-la e propô-la, órgão que chamaremos, daqui em diante, de "magistério vivo". A questão da prova se deslocou então da *fonte* da verdade para a *autoridade* que garantia essa verdade. O critério da verdade passou a situar-se, então, antes de tudo nessa autoridade.

:: **190** :: Deslocamento da *fides qua*, ou seja, a fé como movimento de adesão, para a *fides quae*, isto é, a fé como conhecimento reto. O magistério tornou-se, então, o meio direto desse conhecimento e o motivo de assentimento de uma fé compreendida antes de tudo como obediência à Igreja.

:: **191** :: Deslocamento de *atestação* da fé pela autoridade doutrinal da Igreja para a *determinação* ou definição da fé por essa autoridade. Foi nesse contexto que emergiu o termo "magistério" com o sentido que lhe damos hoje.

:: **192** :: Deslocamento da *indefectibilidade* (ou correção) da Igreja para a *infalibilidade* do magistério da Igreja. O carisma da infalibilidade, que é o da Igreja inteira, passou a concentrar-se nos detentores do magistério. Essa infalibilidade foi progressivamente conectada com a ideia de *irreformabilidade*. Viu-se também surgir o termo *definitivo*, que pode ser compreendido tanto em sua acepção jurídica (aplicando-se a uma decisão contra a qual não cabe recurso) como em sua acepção doutrinal, segundo a qual se torna quase um sinônimo de infalível.

:: **193** :: Deslocamento da expressão *fides et mores* em sentido amplo, ainda presente no concílio de Trento, visando à disciplina da vida cristã, a um senso estrito dessa expressão, que passou a designar então as verdades reveladas concernentes à fé a à doutrina moral.

:: **194** :: Deslocamento da indefectibilidade da Igreja dispersa (o episcopado universal) para a infalibilidade do pontífice romano (e do concílio), o que constituiu um

---

28. Cf. J.-F. Chiron, Le magistère dans l'histoire, *RSR* 87 (1999) 438-518.

duplo movimento de restrição: da indefectibilidade (conceito amplo) à infalibilidade (conceito restrito) e da Igreja universal ao concílio e, sobretudo, ao pontífice romano.

:: **195** :: Evolução na concepção de assentimento requerido às decisões do magistério, que pôs a questão de sua natureza ou de seu nível, o do "silêncio respeitoso" e da "dissensão".

5. O Concílio Vaticano I

:: **196** :: O Concílio Vaticano I e suas definições só podem ser compreendidos do ponto de vista da história da Igreja e do papado no século XIX, bem como da perspectiva de fatores históricos, políticos e culturais, eclesiais e teológicos que contribuíram para o aumento de poder do papado.

:: **197** :: As definições do Vaticano I são, com efeito, solidárias à percepção que a Igreja católica tem da situação histórica da época: esta é definida e expressa em oposição às sociedades civis em vias de uma laicização ideológica e militante (as ideias de 1789, o princípio das nacionalidades, a democracia, e logo a luta de classes). Ela se apresenta como uma contrassociedade paralela em uma atitude defensiva. A infalibilidade do papa deve ser compreendida "como um patético protesto de perenidade no momento em que a base material de seu poder se esfacela"[29]. A Igreja católica vive então um traumatismo triplo: *eclesial* (em reação contra o conciliarismo e o galicanismo), *político* (em reação contra o sistema de Igrejas nacionais) e *intelectual* (em reação contra o liberalismo e o secularismo[30]).

:: **198** :: As definições do Vaticano I inscrevem-se em uma eclesiologia que se desenvolveu "sob o signo da afirmação da autoridade" (Y. Congar)[31]. Essa

---

29. C. Langlois, L'infaibilité, une idée neuve ao XIX siècle, in *Église infaillible ou intemporelle?* Recherches et débats, Paris, DDB, 1973, p. 76, no qual este parágrafo se inspira.

30. Sobre este ponto, cf. H.-J. Pottmeyer, *Le rôle de la papauté ao troisième millénaire*. Une relecture de Vatican I et de Vatican II, Paris, Cerf, 2001, p. 39-54.

31. Nós já encontramos essa eclesiologia, quando, no documento sobre *O ministério de comunhão na Igreja universal*, falamos da definição do primado do papa no Vaticano I. Nós dizíamos ali então isto que

eclesiologia emprestou suas categorias da filosofia política[32]. O conceito de *soberania* exprime um poder supremo que não está ligado a nenhuma concordância exterior a ele[33]. Esse modelo do monarca absoluto é aplicado ao primado do papa na jurisdição (quer dizer, o governo e a disciplina da Igreja). No Vaticano I, alguns desejarão estender essa soberania do papa ao domínio da *doutrina*. A definição de infalibilidade será, então, requisitada como um complemento necessário do primado de jurisdição.

:: **199** :: No Vaticano I, três grupos estavam presentes: os infalibilistas extremistas, pouco numerosos, porém próximos de Pio IX; a minoria (20%), reticente ou oposta à concepção infalibilista extremista; a "maioria", favorável à infalibilidade, porém sensível às preocupações da minoria e aberta a uma solução intermediária. O desafio de fundo do debate era saber como o papa, enquanto exerce seu magistério, se apoia sobre o testemunho da tradição da Igreja: deve-se considerar que o papa sempre expressará naturalmente a fé da Igreja? Ou é necessário que o papa confirme a fé da Igreja junto ao episcopado, antes de pronunciar-se? Essa consulta deve ser uma obrigação e uma condição *sine qua non*?

:: **200** :: Na Constituição sobre a fé católica *Dei Filius*, votada antes da infalibilidade, encontra-se o estabelecimento dos conceitos que vão se tornar clássicos a respeito do magistério na Igreja católica: "Acrescentemos que se deve crer de fé divina e católica em tudo que está contido na palavra de Deus, escrita ou transmitida pela tradição, e que a Igreja propõe que se creia como revelada divinamente, seja por um julgamento solene, seja por seu magistério ordinário e universal"[34].

vale igualmente para a definição de infalibilidade: "O Concilio Vaticano I pode aparecer como triunfo do ministério pessoal da unidade na Igreja. Chefe particularmente venerado de todos os católicos que veem nele o sinal irrefutável de sua identidade cristã, infalivel soberano pontifice, assim é agora o bispo de Roma: a despeito dos termos escolhidos para limitar seu 'carisma de verdade', ele pode representar em si a Igreja toda" (n° 82). Há uma solidariedade entre as duas definições do Vaticano I: a infalibilidade do magistério do papa aparece então como uma parte necessária ao pleno exercicio do primado de jurisdição.

32. Cf. a obra emblemática de Mauro Cappellari — o futuro Gregório XVI — publicada em 1799, *Le triomphe Du Saint-Siège et de l'Église contre les assauts des novateurs, combattus et refutes avec leurs propres armes.*

33. A célebre fórmula, autêntica, de Pio IX: "A tradição sou eu", aparece como uma paráfrase daquela atribuida a Luis XIV: "O Estado sou eu".

34. *DzH* 3011.

Dois modos de exercício do magistério são aqui indicados: o julgamento solene, ou "magistério extraordinário", quer dizer, as definições promulgadas pelos concílios (ou, eventualmente, pelo papa, o que estava ainda em discussão); o "magistério ordinário e universal", ou seja, o ensinamento corrente do papa e dos bispos sobre um ponto de vista adquirido à evidência (por exemplo, a divindade do Cristo antes de sua definição no Concílio de Niceia). Os dois adjetivos, "ordinário e universal", são solidários: não existe magistério ordinário apenas do papa.

:: 201 ::   A definição da infalibilidade pontifical é formulada da seguinte maneira: "Uma vez que o pontífice romano fala *ex cathedra*, ou seja, ocupando seu posto de pastor e de doutor de todos os cristãos, ele define, em virtude de sua suprema autoridade apostólica, que uma doutrina em matéria de fé ou de moral deva ser sustentada por toda a Igreja, ele usufrui, em virtude da assistência divina que lhe foi prometida na pessoa de São Pedro, certa infalibilidade, da qual o divino Redentor quis que fosse dotada sua Igreja, pois ela define a doutrina sobre a fé ou a moral; consequentemente, essas definições do pontífice romano são irreformáveis por si sós, e não por causa da concordância da Igreja"[35].

:: 202 ::   Para interpretar corretamente esse texto, dispomos do relatório essencial feito por Dom Gasser, presidente da Congregação para a Doutrina da Fé (a comissão doutrinal do concílio), que apresentava o texto aos Padres conciliares antes do voto. Trata-se da posição oficial da comissão que redigiu o texto[36]. O relator mostra que o Vaticano I não assumiu as posições de infalibilistas extremistas e que as interpretações maximalistas recorrentes da infalibilidade não correspondem à intenção dos redatores.

:: 203 ::   O texto define uma infalibilidade *absoluta, pessoal e separada*?
Absoluta? Gasser responde que a "infalibilidade absoluta pertence unicamente a Deus", e que a infalibilidade do papa é limitada de uma tripla forma: de início, *quan-*

---

35. DzH 3074. O concílio empregou o termo *sustentada* e não *acreditada*, com a intenção de deixar em aberto a questão de saber se o campo da infalibilidade se estende a pontos conexos à revelação. A interrupção do concílio não permitiu que se tratasse dessa questão no quadro de uma constituição sobre a Igreja. A questão do "objeto secundário" da infalibilidade ressurgirá após o Vaticano II.
36. Este relato será citado pelo Vaticano II em *LG* 25.

to a seu sujeito, já que o papa age como doutor universal e em ligação com a Igreja universal. Este carisma não lhe é acordado como pessoa privada ou doutor privado. Em seguida, é limitada *quanto a seu objeto*: trata-se daquilo que pertence à tradição apostólica e à fé comum da Igreja. Enfim, é limitada *quanto a seu ato*: ela re refere aos casos em que o papa fala *ex cathedra*, em virtude de sua autoridade apostólica.

A cada vez, a infalibilidade é circunscrita por um *somente*. Nesse sentido, os dois Códigos de Direito Canônico, de 1917 e 1983, dizem: "Nenhuma doutrina deve ser considerada definida de modo infalível, a menos que isso não seja claramente manifestado" (cân. 1.323, § 3, de 1917; cân. 7, § 3, de 1983).

:: **204** :: Uma infalibilidade *pessoal*? Não, pois este carisma não é acordado ao papa como pessoa privada, nem como uma qualidade geral. Sua inerrância limita-se a atos que possam ser determinados de maneira precisa.

:: **205** :: Uma infalibilidade *separada*? Esta foi a questão mais debatida. Para a minoria, era primordial que o papa não fosse separado da Igreja e que não agisse de forma separada. Ora, a conclusão da definição confere um tom inquietante a esse assunto: "essas definições do pontífice romano são irreformáveis por si sós, e não em virtude da concordância da Igreja".

Gasser explicita os conceitos[37], ao falar de uma infalibilidade *distinta*, mas não *separada*. O papa só é infalível como "representante da Igreja universal". "Nós não separamos", diz ainda o relator, "a ação infalível do papa da cooperação e do concurso dos bispos, ao menos no sentido de que não excluímos essa cooperação e esse concurso". O laço entre o papa e a Igreja é evidente, pois uma definição só se justifica em caso de grave divergência em matéria de fé; e que o papa só intervenha quando esses litígios não puderem ser mitigados no âmbito regional pelos bispos. Por outro lado, "o papa, em virtude de seu cargo, e segundo a gravidade da situação, pode lançar mão dos meios apropriados para examinar a verdade como se deve e a enunciar de forma clara; estes meios são os concílios e também os conselhos de bispos, cardeais, teólogos etc.". Mas essa necessidade, a princípio, não será expressa na definição sob a forma de uma obrigação. Segundo o relator, ela remeterá e retornará a uma "primazia compartilhada".

37. Mas quando Gasser fala a afirmação "não em virtude do consentimento da Igreja (*non ex consensu ecclesiae*)" não foi ainda acrescentada à definição, cujo texto contém apenas as palavras "por elas mesmas".

:: **206** :: Isso chega até mesmo à concordância da Igreja: "Não separamos", diz o relator, "de forma nenhuma, o papa da concordância da Igreja, desde que essa concordância não seja estipulada como uma condição. Não podemos separar o papa da concordância da Igreja, pois essa concordância não pode nunca lhe faltar"[38]. Segundo Lucas 22,32, é a Pedro que Jesus diz: "Rezei para que não te falte a fé", e é a ele que cabe confirmar os irmãos, e não o inverso.

Em resumo, Gasser dá razão à minoria em seu desejo de manter o papa em relação com a concordância da Igreja, mas ele não quer que esse laço assuma a forma de uma obrigação jurídica.

6. Do Vaticano I ao Vaticano II

:: **207** :: O dogma da infalibilidade pontifical dará origem a três interpretações diferentes:

— *A interpretação maximalista*, que corresponde à concepção dos infalibilistas extremistas. A ideia central — rejeitada por Gasser — é que a autoridade infalível do papa é a fonte da infalibilidade da Igreja. Ela tende a apagar a distinção entre uma definição *ex cathedra* e as outras declarações doutrinais do papa. Ela favorece o centralismo doutrinal. Mesmo que esta interpretação não seja sustentada por um grande número de teólogos, ela obtete um sucesso simplificador junto à opinião pública e a muitos católicos.

:: **208** :: — *A interpretação intermediária* se atém estritamente aos escritos conciliares e refuta os enganos difundidos a respeito da infalibilidade pontifical. É a interpretação mais difundida até o Vaticano II. Mas essa interpretação, também unilateral, pôde sugerir que aquilo que a definição conciliar não dizia explicitamente — como a estrutura colegiada do magistério dos bispos, o sentido da fé dos fiéis ou a recepção — era inexistente ou sem importância doutrinal. Daí, "no que concerne à forma amplamente difundida de compreender o dogma da infalibilidade e seus efeitos, as fronteiras entre as duas interpretações (maximalista e intermediária) se apagam. É de forma

---

38. De fato, a fórmula final da definição visa ao quarto artigo da Assembleia do Clero da França, de 1682, acima evocada. Esse artigo afirmava a necessidade de um acordo formal e subsequente, feito pelos bispos e *conferindo* o caráter irreformável à definição.

teórica apenas que […] a interpretação intermediária mantém-se aberta à possibilidade de compreender a infalibilidade no quadro de uma eclesiologia de comunhão"[39].

:: **209** ::   — *A terceira interpretação* corresponde às preocupações *da minoria*. Ela se refere à tradição do primeiro milênio, compreende a Igreja como comunhão de Igrejas, vê o papa exercer seu magistério (e seu primado) como cabeça do colegiado dos bispos, em acordo com eles, que, como ele, carregam também a responsabilidade pela Igreja universal. A infalibilidade, prometida no início à Igreja em seu conjunto, só é acordada ao magistério do papa e do colegiado dos bispos se ligada ao conjunto da Igreja. O papa só deve exercê-la de forma subsidiária — desde que haja urgência e em último recurso —, em cooperação com os bispos.

:: **210** ::   É importante lembrar que a única ocasião em que o papa exerceu seu magistério infalível, desde 1870, foi na definição da Assunção da Virgem Maria, por Pio XII, em 1950. Essa definição foi precedida de uma consulta formal a todo o episcopado. Mas ela não foi considerada necessária por uma crise que colocasse em perigo a fé, uma vez que este era o tipo de situação que era evocado para justificar a definição do Vaticano I.

:: **211** ::   Desde o século XIX, o magistério romano multiplicou as intervenções e as tomadas de posição, particularmente por meio de *encíclicas*, às quais se reconhece uma grande autoridade doutrinal. Este contexto levantou a seguinte questão: o magistério corrente do papa poderia ser qualificado de magistério "ordinário", potencialmente infalível, como é o magistério ordinário e universal em seu conjunto? A concepção de uma infalibilidade difusa se propagou, assim, para além do que havia ensinado o Vaticano I.

7. O Concilio Vaticano II

:: **212** ::   O Vaticano II retomou e tratou do dossiê do magistério em sua totalidade. A constituição *Dei Verbum* redefiniu a relação entre Escritura e tra-

---

39. H. J. Pottmeyer, *Le rôle de la papauté ao troisième* millénaire, p. 110-111.

dição, de um lado, e a responsabilidade do magistério, de outro: "A tarefa de interpretar de maneira autêntica a palavra de Deus, escrita ou transmitida, foi confiada unicamente ao magistério vivo da Igreja, cuja autoridade se exerce em nome de Jesus Cristo. Esse magistério, no entanto, não está acima da Palavra de Deus, mas a seu serviço, ensinando o que foi transmitido, na medida em que, por mandato divino e com a assistência do Espírito Santo, ele escuta essa Palavra piamente, a guarda santamente e a expõe com fidelidade, e busca nesse único depósito da fé tudo o que ele propõe que se creia que seja divinamente revelado" (*DV*, 10).

Enfatiza-se a subordinação do magistério à Palavra de Deus e o fato de que sua função está a serviço dessa Palavra, que a rege.

:: **213** :: A *Lumen gentium* afirma, inicialmente, que é o povo de Deus como um todo que é o sujeito da infalibilidade da Igreja: "O conjunto dos fiéis, que receberam a unção vinda do *Santo* (cf. 1Jo 2,20.27), não pode errar na fé, e manifesta essa qualidade que lhe é própria por meio do senso sobrenatural da fé, comum a todo o povo; 'dos bispos ao último dos fiéis leigos', ele exprime sua concordância universal em matéria de fé e de costumes" (*LG*, 12).

Todos os fiéis batizados portam o *sensus fidelium* e o *sensus fidei* de maneira infalível. Daí mostra-se imediatamente que, se há na Igreja ministérios que têm uma responsabilidade própria quanto ao anúncio e à regulação da fé, esses ministérios inscrevem-se *no* povo de Deus e só podem ser exercidos em comunhão com ele.

:: **214** :: A função de ensinamento apresenta-se como constitutiva da função episcopal, da mesma forma que as funções de santificar e de governar. A função de ensinar não é mais ligada à jurisdição, como era no esquema antigo de funções episcopais, que comportava apenas dois termos (ordem e jurisdição). Essa função se exerce em comunhão com a cabeça e os membros do colegiado (cf. *LG*, 21).

:: **215** :: A pregação é a função primeira dos bispos, chamados de *doutores* autênticos, termo novo que significa que são revestidos da autoridade do Cristo para pregar a fé. Eles devem ser reverenciados como "testemunhas da verdade divina e católica". Os fiéis devem aceitar seu julgamento em matéria de fé e de costumes "com uma submissão religiosa do espírito". Enfim, "essa submissão religiosa da vontade e da inteligência deve estar de acordo, a título particular, com o magistério autêntico do pontificado romano, mesmo quando este não fala *ex cathedra*" (*LG*, 25).

:: **216** :: O mesmo termo, *autêntico*, é utilizado para qualificar o ensinamento "corrente" do papa e dos bispos. A "submissão religiosa da vontade e da inteligência" designa uma atitude que não é o ato formal da fé.
A propósito do ensinamento corrente do papa, esclarece-se que a autoridade de documentos que dele emanam deve ser discernida segundo as regras habituais de interpretação (natureza dos documentos, intenção, maneira de se expressar etc.).

:: **217** :: A primeira afirmação referente à infalibilidade visa ao colegiado dos bispos unido ao papa: "Ainda que os bispos, isoladamente, não gozem da prerrogativa da infalibilidade, proclamam de forma infalível a doutrina do Cristo. Pois mesmo dispersos pelo mundo, mantendo o laço de comunhão entre eles e o sucessor de Pedro, e ensinando autenticamente em matéria de fé e de costumes, eles estão em acordo para propor uma doutrina como deve ser definitivamente sustentada" (*LG*, 25).
Trata-se aqui do que o Vaticano I chamava de o "magistério ordinário e universal". Mas onde o Vaticano I dizia: "proposto que se creia como revelado divinamente", o Vaticano II diz: "propor uma doutrina como deve ser definitivamente sustentada". Esta segunda fórmula, de interpretação delicada, parece mais ampla: se não é requisitada mais uma adesão de fé propriamente dita, o que é proposto (infalivelmente) como "definitivamente sustentado" pode ir além do que é propriamente revelado[40].

:: **218** :: O documento evoca em seguida o magistério extraordinário dos bispos reunidos em concílio: "Este é ainda mais manifesto pois, reunidos em concílio ecumênico, eles são, para toda a Igreja do Cristo, doutores e juízes da fé e dos costumes às definições dos quais é necessário aderir pela submissão da fé" (*LG*, 25).

:: **219** :: A infalibilidade do magistério papal é objeto dos desenvolvimentos que se seguiram. Como a infalibilidade da Igreja, a infalibilidade do papa "estende-se

---

40. Mas tudo isto que é proposto unanimemente pelos bispos não recebe entretanto o caráter da infalibilidade; é preciso que o ensinamento seja proposto por eles como "definitivo".

tão amplamente quanto o depósito da revelação divina, que deve ser santamente guardado e exposto com fidelidade" (*LG*, 25). É portanto o depósito revelado que constitui ao mesmo tempo o limite e o critério da extensão da infalibilidade[41].

:: **220** :: A declaração da infalibilidade do Vaticano I é retomada com algumas variações (aqui escritas em itálico): "É dessa infalibilidade que goza, em virtude de seu cargo, o pontífice romano, *cabeça do colegiado dos bispos*, quando, como pastor e doutor supremo de todos os fiéis *que confirma seus irmãos na fé*, proclama por um ato definitivo uma doutrina relativa à fé e aos costumes. É por essa razão que suas definições são consideradas, com justiça, irreformáveis por si sós e não em virtude do consentimento da Igreja, *uma vez que foram pronunciadas com a assistência do Espírito Santo, que lhe foi prometido na pessoa do bem-aventurado Pedro, e que consequentemente não têm nenhuma necessidade de ser aprovadas por outros e não admitem nenhuma apelação a outro julgamento*" (*LG*, 25).

As definições acrescentadas integram certas explicações dadas ao Vaticano I pelo relatório Gasser. Note-se, em particular, a interpretação da fórmula final do Vaticano I: o "não em virtude do consentimento da Igreja" tem um valor jurídico. A definição pontifical não precisa ser aprovada por outra instância, e não é possível a apelação de sua sentença.

8. Desde o Vaticano II

:: **221** :: Após um relativo tempo de silêncio nos primeiros anos que se seguiram ao Concílio Vaticano II, o magistério romano conheceu um crescente desenvolvimento, que não foi correspondido no exercício colegiado do magistério dos bispos. O sínodo dos bispos não publicou mais documentos de sua lavra, e a função magisterial das conferências episcopais foi estritamente enquadrada[42].

---

41. A Comissão teológica do concílio comentava assim essa afirmação: "o objeto da infalibilidade da Igreja [...] se estende então a tudo, mas só àquilo, seja que concerne diretamente ao depósito revelado, seja que é requerido para guardar santamente e expor fielmente esse mesmo depósito".

42. Cf. o *motu proprio Apostolos suos*, *DC* 2188 (1998) 757-759.

:: **222** :: A publicação, em 1968, da encíclica *Humanae vitae*, que proibia a contracepção, foi um acontecimento importante para nosso tema, em razão das controvérsias suscitadas. Ela contribuiu, claramente, para que se redescobrissem a noção e a realidade da "recepção". Ainda que o tema do *sensus fidei* esteja bem presente no Vaticano II, a ligação deste senso da fé à recepção não é aí mencionada. Os primeiros trabalhos relativos a essa questão datam dos anos 1970.

> :: **223** :: A declaração *Mysterium Ecclesiae*, de 1973, reafirma a doutrina clássica da infalibilidade[43], mas contém, ainda, um novo e importante desenvolvimento referente ao *caráter histórico dos enunciados doutrinais*, incluídas as fórmulas dogmáticas.

:: **224** :: Graves questões são atualmente apresentadas por alguns documentos recentes, a profissão de fé de 1989[44], a instrução *Donum veritatis*, de 1990[45], e o *motu proprio Ad tuendam fidem*, de 1998[46]. Vamos nos deter aqui em dois deles:

:: **225** :: Uma primeira questão refere-se ao domínio das verdades submetidas ao ensinamento da Igreja. A profissão de fé e a instrução de 1990 inseriram um conjunto de verdades entre os dois conjuntos que se distinguiam tradicionalmente. O primeiro contém as verdades pertencentes à revelação e assim ensinadas pela Igreja: é o domínio da fé. O terceiro conjunto contém o ensinamento autêntico corrente do papa e dos bispos, aos quais os fiéis respondem pela "submissão religiosa da inteligência e da vontade". O novo conjunto insere-se entre os dois precedentes: ele contém "verdades que a Igreja propõe de maneira definitiva", sem que pertençam à revelação, mas que ela considera "necessariamente ligadas à revelação"[47]. A adesão exigida é "fundamentada

---

43. Ela visa em particular às teses sustentadas por H. Küng em seu livro *Infaillible? Une interpellation*, de 1970 (ed. fr.: Paris, DDB, 1971).

44. *DC* 1982 (1989) 378-379.

45. La vocation ecclèsiale du théologien, *DC* 2010 (1990) 693-701.

46. *DC* 2186 (1998) 651-653.

47. Alguns exemplos de verdades do primeiro conjunto: os artigos do Credo e os grandes dogmas solenemente definidos (Trindade, cristologia, graça, sacramentos etc.); do terceiro conjunto: os diversos

na fé da assistência que o Espírito Santo presta ao magistério e na doutrina católica da infalibilidade do magistério". Esse conjunto apresenta algumas dificuldades que não estão ainda esclarecidas.

:: **226** ::   A segunda questão é apresentada pela postulação de uma nova forma de exercício do magistério papal. O papa pode, sem comprometer formalmente sua infalibilidade, declarar por um ato de seu magistério autêntico que tal doutrina referente à fé e aos costumes pertence ao que é infalivelmente ensinado pelo "magistério ordinário e universal dos bispos em comunhão com o papa". Se isso se confirmasse, só o papa deteria a chave do magistério ordinário e universal, pois ele poderia, sem consultar o episcopado, decidir que esse magistério é pronunciado sobre um determinado ponto, e que esse ponto doutrinal emerge de seu ensinamento infalível.

:: ::   :: ::

Conclusão

:: **227** ::   *No primeiro capítulo, fizemos um apanhado de nosso patrimônio comum, com suas sombras e luzes, ou seja, de um lado a convicção da Igreja antiga e medieval de ter recebido uma autoridade em matéria doutrinal proveniente do Cristo, de outro lado a constatação das grandes evoluções históricas nas maneiras de conjugar as dimensões comunitária, colegiada e pessoal da vida eclesial.*

:: **228** ::   *Este segundo capítulo nos apresentou duas orientações claramente divergentes. As Igrejas da Reforma, em reação a certas deformações medievais, contestam radicalmente o funcionamento magisterial e hierárquico da autoridade doutrinal na Igreja. Elas põem de volta no lugar de honra a autoridade fundamental da Escritura e deslocam o exercício concreto da autoridade da hierarquia para*

ensinamentos "autênticos" do papa e dos bispos (discursos, documentos diversos, cartas), ou seja, dados em razão de sua responsabilidade, mas não de maneira definitiva; do segundo conjunto: a ordenação presbiterial reservada aos homens, o caráter ilícito da eutanásia, da prostituição, da fornicação, ou ainda a legitimidade da eleição do papa ou da celebração de um concílio, a canonização dos santos.

a liberdade espiritual da consciência e a responsabilidade da comunidade inteira. No mesmo momento, a Igreja católica acentua sensivelmente o processo de centralização romana, já iniciado na Idade Média. No entanto, essas divergências manifestas inscrevem-se em um plano de consenso cristão que não se deve minimizar.

:: **229** :: *Agora, devemos confrontar esse complexo ensinamento da história com o testemunho da Escritura. Ela nos fornecerá critérios de discernimento perante as vicissitudes e nos permitirá verificar os convites à conversão que ela endereça tanto a uns como a outros.*

CAPÍTULO 3
A ESCRITURA, LUGAR DE DISCERNIMENTO DESTE PERCURSO HISTÓRICO

:: **230** :: Após este longo percurso por dois milênios de vida eclesial, devemos retornar à Escritura, norma primeira e última de nossa fé. É à sua luz que compreendemos este percurso, tanto em seus elementos de verdade como em suas distorções que puderam afetá-lo. A partir da confrontação entre história e Escritura, como já fizemos na obra precedente consagrada a Maria, estaremos aptos a extrair os ensinamentos que nos permitirão fazer proposições doutrinais a serviço da reconciliação das Igrejas.

:: **231** :: Nosso itinerário bíblico não pretende de forma alguma constituir-se em uma análise exegética detalhada de cada tradição neotestamentária. Portanto, não pretende ser exaustivo. Será do ponto de vista da teologia bíblica, ou seja, do reconhecimento de grandes ensinamentos de fé, que iremos refletir sobre a autoridade doutrinal nas comunidades cristãs. Mais que um conjunto de informações, o que procuramos são os grandes modelos de autoridade atestados no Novo Testamento e uma linha condutora que atravessa e liga os diversos livros.

:: **232** :: Esse itinerário começará pelo testemunho dos evangelhos sinóticos, pois eles nos remetem mais diretamente à palavra e à ação de Jesus. Trataremos concomitantemente os livros do evangelho segundo Lucas e os Atos dos Apóstolos. Passaremos em revista, em seguida, os diferentes estratos do *corpus* paulino. Por fim, abordaremos o *corpus* joanino.

I. Os evangelhos sinóticos

:: **233** :: Seguiremos principalmente o fio condutor do evangelho de Mateus, mas tomando o cuidado de mostrar suas concordâncias com Marcos e Lucas. Consideraremos, sucessivamente, a autoridade pessoal de Jesus, depois a transmissão de sua autoridade a seus discípulos, colocando em relevo a autoridade respectiva da comunidade como um todo e a dos Doze, e por fim observaremos a posição particular de Pedro.

1. A autoridade soberana de Jesus

:: **234** :: O termo autoridade (*exousia*)[1] é quase sempre relacionado, em Mateus, à personalidade de Jesus. Uma autoridade particular e original irradia dele: a multidão o atesta (Mt 7,28-29; cf. Mc 1,22), bem como o centurião romano (Mt 8,8-9; cf. Lc 7,7-8), os compatriotas de Jesus (Mt 13,54; cf. Mc 6,2) e as autoridades religiosas (Mt 21,23; cf. Mc 11,28).

:: **235** :: Marcos (ver 1,27) e Mateus notam que a autoridade de Jesus se manifesta por seu *ensinamento*: no Sermão da Montanha, Jesus anuncia o Reino dos céus, ele fala em mestre e não em escriba (Mt 7,29). A leitura que ele propõe da lei de Moisés procede de sua própria autoridade, que a radicaliza, a completa e contesta sua interpretação rabínica. Mateus ressalta, mais do que Marcos, o fato de que a autoridade de Jesus está ligada a seu ensinamento (comparar, por exemplo, Mt 21,23 com Mc 11,28).

:: **236** :: A autoridade de Jesus impõe-se em razão do acordo total entre sua palavra e seu comportamento: ele faz o que diz e diz o que faz; ele vive como ensina e ensina como vive. Sua proclamação do Evangelho e seus atos

---

1. O termo *exousia* será sempre traduzido nestas páginas por *autoridade* e não por *poder*, como o fazem normalmente as Bíblias. A autoridade plena de Jesus, recebida do Pai, fundamenta sua capacidade de exercer um poder e um bom número de poderes salvíficos.

manifestam com plena coerência a proximidade do Reino de Deus. A norma das Beatitudes é a norma de sua existência. Nas ocasiões em que é tentado, ele recusa com grande firmeza toda facilidade egoísta, toda busca de honra pessoal e todo apetite por riqueza (Mt 4,1-11). Ele renuncia a fazer de sua autoridade um poder em si, destinado à sua própria glória ou utilizado para constranger os outros.

:: **237** :: A autoridade de Jesus se exprime simultaneamente por seus *atos de poder* (Mt 13,54). De fato, existe uma relação íntima entre a autoridade de sua palavra e os milagres que dela derivam, como o reconhece o centurião (Mt 8,8-9). Eles juntos manifestam que o Reino de Deus está próximo e que essa é uma boa-nova. Eles também levam os loucos a seguir Jesus (Mt 4,23-25).

:: **238** :: A autoridade de Jesus se manifesta, enfim, pela *remissão dos pecados*: "O Filho do homem tem a autoridade (*exousia*) sobre a terra de redimir os pecados" (Mt 9,6; cf. Mc 2,10). A acusação de blasfêmia feita pelos escribas ressalta que Jesus faz o que só Deus pode fazer.

:: **239** :: A fonte da autoridade de Jesus é objeto de controvérsia (Mt 21,23-27; cf. Mc 11,27-33; Lc 20,1-8). De onde ela vem: de Deus ou do maligno? Jesus recusa-se a justificar sua autoridade e reserva-se o direito de calar-se. Mas a polêmica levantada mostrará, finalmente, que a autoridade de Jesus vem imediatamente de Deus.

:: **240** :: Marcos sublinha a autoridade de Jesus desde a abertura de seu evangelho. Mateus quer mostrar que ela é única no gênero. Ela é diferente de uma dominação política; ela se opõe à autoridade dos escribas, dos fariseus, dos anciãos e dos sumos sacerdotes; ela vem do próprio Deus.

:: **241** :: A análise da autoridade e dos poderes de Jesus não pode minimizar a cruz: em sua paixão, Jesus é desprovido de todo poder; este último é abandonado ao arbítrio de seus adversários. É então que se manifesta definitivamente sua autoridade, ao assumir toda a fraqueza humana e viver até o fim a fidelidade ao seu ministério. Em seu testemunho de Servo, ele dá o exemplo de uma "autoridade crucificada", modelo de toda autoridade cristã.

2. A transmissão da autoridade de Jesus aos discípulos

:: **242** :: Jesus transmite sua autoridade à comunidade de seus discípulos. Mateus conta a escolha dos Doze aos quais Jesus confere "autoridade" (*exousia*) para libertar de espíritos impuros (Mt 10,1; cf. Mc 6,7; Lc 9,1), mostrando assim que a autoridade é, em primeiro lugar, uma autoridade de libertação. Ele envia este grupo em missão, a fim de que anuncie em palavras e atos a notícia de que o Reino dos céus está próximo (Mt 10,5-16). Esse primeiro envio em missão relaciona-se à cena final do evangelho.

:: **243** :: A declaração de Mateus 18,18 é própria desse evangelho: "Tudo que vocês ligarem na terra será ligado no céu, e tudo que vocês desligarem na terra será desligado no céu". Essa autoridade é conferida aos discípulos, ou seja, à comunidade, que o redator acaba de chamar de "a Igreja" (Mt 18,17). Trata-se aqui, muito provavelmente, não apenas do perdão dos pecados, mas também de uma autoridade doutrinal que controla os costumes e a declaração do que é permitido e proibido.

:: **244** :: A cena final do evangelho de Mateus é um ato solene que afirma ao mesmo tempo a plenitude da autoridade própria do Ressuscitado e a delegação da autoridade endereçada aos Onze[2]. Ela se apoia na legitimidade da autoridade daquele que envia em missão o triplo imperativo de fazer discípulos, batizar e pregar, bem como a promessa de assistência eterna. Essa missão é universal no espaço e no tempo. A autoridade dos Onze, ou seja, do grupo simbólico dos Doze, é ao mesmo tempo cultural (batizar) e doutrinal (pregar); ela lhes emana diretamente do Senhor e não da comunidade.

3. Autoridade da comunidade e autoridade dos Doze

:: **245** :: Desde a época patrística, os exegetas questionaram a quem exatamente, pessoas e instituições, foi transmitida a autoridade conferida por Jesus. O evangelho de Mateus é muito discreto a respeito disso. Trata-se dos discí-

---

2. Pois Judas não está mais aí.

pulos em geral, da Igreja local, dos Doze ou de Pedro? Algumas respostas são aqui pertinentes. De toda forma, o conjunto das fórmulas empregadas parece indicar que o redator mateano considera a comunidade e suas responsabilidades de um ponto de vista sintético, quer dizer, uma comunidade que não é puramente igualitária, mas na qual se discerne uma estrutura de autoridade.

:: **246** :: A autoridade doutrinal confiada por Jesus concerne, portanto, à totalidade da comunidade, mas ela não esquece o papel que cabe a seus responsáveis, vistos através da figura simbólica dos Doze. O conselho de não se fazer chamar de "Mestre", "Pai" ou "Doutor" supõe a tentação inerente a toda responsabilidade, mesmo porque "o maior entre vós será vosso servo" (Mt 23,8-11). É a inversão cristã do princípio da autoridade no mundo (cf. Lc 22,24-27). O capítulo 23 de Mateus não visa apenas aos fariseus: convida também àqueles cujas maneiras de agir não se incluíam entre os escribas da comunidade (Mt 23,34).

:: **247** :: O emprego no evangelho do termo "Igreja" supõe uma primeira tomada de consciência por ela mesma da comunidade na qual se exerce uma função de julgamento e de autoridade. Mateus compreende a Igreja como uma comunidade estruturada, com pessoas que assumem uma autoridade específica.

4. A figura de Pedro e seu papel[3]

:: **248** :: O evangelho de Mateus, enfim, põe em destaque a figura de Pedro, ainda que este já esteja morto no momento da redação do texto. É uma indicação de que esta figura ainda é importante na vida da Igreja de então. Pedro constitui certamente o modelo do discípulo. Mas seu papel vai ainda mais longe, pois Mateus lhe atribui uma posição preeminente em uma série de textos de cunho eclesiológico (Mt 14,28-31; 15,15; 16,16-19; 17,24-27; 18,21). O evangelho apresenta Pedro como um elo da autoridade que se situa entre Jesus e a comunidade.

---

3. Já abordamos o texto de Mateus 16,17-19 no documento *O ministério de comunhão na Igreja universal* (1986), n. 96-107 e 127-129.

:: 249 :: O mesmo evangelista não deixa de sublinhar a fraqueza humana de Pedro: ele conta, como Marcos, o episódio da negação e quando Jesus o chamou de "Satanás". Pedro é, ao mesmo tempo, um homem de pouca fé (Mt 14,31) e aquele que confessa a fé por um dom de Deus (16,17-18). A preeminência de Pedro não se fundamenta em suas qualidades pessoais, mas na escolha do Senhor.

:: 250 :: Concluindo, para Mateus a autoridade da Igreja é uma questão secundária em relação à soberania da autoridade do Cristo. Essa autoridade dada e recebida está a serviço da primeira. Por outro lado, a autoridade doutrinal no interior da Igreja tem por finalidade permitir uma prática de vida cristã. Ela está a serviço da vida (cf. Mt 20,28). Ela deve ser exercida com humildade e fraternidade.

:: 251 :: Diferentemente de Mateus, que insiste na figura de Pedro[4], Marcos propõe um modelo sem uma figura apostólica portadora do Evangelho recebido. Seu relato destaca mais a incapacidade dos discípulos de compreender o itinerário de seu mestre, de forma que ressalte que Jesus é o único que pode viver seu próprio mistério; e se, da mesma forma, diz-se que o medo impede as mulheres de anunciar a mensagem da ressurreição, é a fim de valorizar o fato de que o Evangelho pôde ser transmitido apesar dos limites daqueles que seguiam Jesus. Esse modelo de transmissão é diferente, mas não é contraditório com o de Mateus.

II. A autoridade doutrinal em Lucas e nos Atos

:: 252 :: Ao enviar seus discípulos em missão pela primeira vez, o Jesus do evangelho de Lucas delega-lhes sua própria autoridade: "Quem os ouve, a mim ouve" (Lc 10,16); confia a eles a autoridade "de esmagar com os pés serpentes e escorpiões e todo o poder do inimigo" (Lc 10,19). Ele também lhes dá um grande mandamento que dirige toda autoridade cristã e da qual é o exemplo fundamental: "O maior entre vós seja como o mais novo, e o que manda, como quem está servindo. [...] Eu estou no meio de vós como aquele que serve" (Lc 22,26-27).

---

4. Da mesma forma, os dois últimos estratos do *corpus* paulino (o grupo Colossenses/Efésios e as cartas pastorais) concentram sua atenção na autoridade de Paulo e o *corpus* joanino na figura anônima do Discípulo amado.

:: **253** :: No início de seus Atos, Lucas retoma o que Jesus disse a seus discípulos na cena final de seu evangelho. Ele os envia como testemunhas de Jerusalém a toda a terra habitada de então (Lc 24,47-48; At 1,8). A articulação dos dois livros é assim reveladora da maneira como a autoridade de Jesus é transmitida aos discípulos: ela lhe é dada pelo próprio Jesus, e sua autoridade é a de testemunhas.

:: **254** :: Aquele que lhes promete competência, Jesus, o Ressuscitado, é também aquele que lhes diz que essa competência lhes virá do Espírito Santo recebido (At 1,8). O dom do Espírito em Pentecostes e ao longo de todo o relato dos Atos confirma essa promessa e dá sinais concretos de sua fecundidade e sua universalidade.

:: **255** :: O testemunho é inicialmente dado pelos discípulos que conheceram Jesus durante seu ministério (At 1,22) e tem por objeto a ressurreição. Se o testemunho tem por objeto fundamental a ressurreição — pois só os discípulos viram o Ressuscitado e são, por isso, testemunhas de sua ressurreição —, é necessário ter conhecido Jesus desde o começo para ser testemunha confiável e incluir-se entre os apóstolos, pois o testemunho consiste em dizer que o Ressuscitado *é* Jesus de Nazaré, conhecido de todos, testemunho que manifesta a coerência entre sua vida e a ressurreição que lhe foi concedida.

:: **256** :: Os discípulos rivalizam por sua competência exclusiva (ele se deu a ver *apenas* para nós) e colegiada (nós *todos* somos testemunhas): o componente colegiado é essencial, pois manifesta a convergência dos testemunhos, convergência que segue a par com a verdade.

:: **257** :: Se o testemunho tem inicialmente por único objeto a ressurreição — pois os outros acontecimentos eram conhecidos de todos os habitantes de Jerusalém e da Judeia, e a ressurreição permite que se lhes mantenha a situação —, ele se estende progressivamente a toda a vida de Jesus, já que os ouvintes só o conhecem de ouvir falar.

:: **258** :: Este primeiro testemunho não é o único. Dito de outra maneira, as condições impostas em Atos 1,22 valem somente para uma primeira etapa. Pois, mesmo sem ter conhecido Jesus durante sua vida terrena, Paulo é mesmo assim testemunha acreditada por Deus (que se exprime pela boca de Ananias) e diretamente pelo próprio Jesus, na visão que Paulo teve dele (At 9,15.18; 26,16). Paulo é, portanto, uma testemunha confiável.

:: **259** :: Para os apóstolos que conheceram Jesus, como para o próprio Paulo, o testemunho dado ao Ressuscitado pressupõe o Espírito, cuja ação é fortemente destacada ao longo de todo o texto dos Atos. É o Espírito que permite aos apóstolos falar e agir em nome de Jesus. É graças a ele que eles são testemunhas do Ressuscitado, de Jerusalém a Roma.

:: **260** :: O capítulo 15 dos Atos relata o conflito que a comunidade cristã enfrenta logo no início: seria ou não necessário obrigar os pagãos convertidos a se submeter à circuncisão e à observância integral da lei mosaica? Os apóstolos e os anciãos reúnem-se para examinar o problema e mantêm a respeito "uma longa discussão" (At 15,6-7). É finalmente com o acordo da "Igreja inteira", por uma deliberação e uma decisão colegiadas, que eles põem fim à crise. Sua decisão final, tomada na comunhão com o Espírito — "o Espírito Santo e nós decidimos [...]" (At 15,28) —, manifesta o desejo de preservar "a verdade do Evangelho" (cf. Gl 2,14) e, ao mesmo tempo, respeitar as tradições próprias aos diferentes grupos: o essencial é que na própria diversidade de suas práticas os cristãos partilham a experiência de serem salvos pela graça do Senhor Jesus (cf. At 15,11).

:: **261** :: Da mesma forma como a primeira parte dos Atos é dominada pela figura de Pedro, a segunda é dominada pela de Paulo, de quem Lucas relata a intensa atividade de pregação e de evangelização em toda a região da bacia do Mediterrâneo. Ora, Paulo deve fundamentalmente testemunhar a visão do Ressuscitado. É pouco, pode-se dizer. Talvez, mas ele testemunha a mudança radical provocada por esse encontro. Seu testemunho do Cristo não substitui o dos que o conheceram durante seu ministério, mas o prolonga e o confirma, pois se situa em uma história pessoal transformada pelo encontro, e a testemunha só pode dar testemunho de um encontro no coração de sua existência. Para Paulo, testemunhar é contar como o Ressuscitado mudou sua existência e a conformou à dele. Dessa perspectiva, seu testemunho inaugura o de uma geração (a nossa) que não conheceu o Jesus terreno, somente o Ressuscitado, e nossa existência torna-se o lugar onde se encontram a verdade e a força desse Ressuscitado. O conteúdo, a autoridade, a verdade e a propriedade do testemunho de Paulo (e da geração que ele representa) são assim determinados no fim do livro dos Atos (At 21–28).

III. A literatura das epístolas paulinas

1. As primeiras cartas de Paulo

:: **262** :: A autoridade à qual todos devem se submeter é a do Evangelho, pois vem de Deus. O Evangelho tem autoridade porque ele liberta e salva, porque dá à pessoa do fiel sua condição de filho de Deus.

:: **263** :: O anúncio desse Evangelho suscita novas questões, às quais Jesus não apresentou resposta. Por exemplo, nada se diz sobre o estatuto daquelas e daqueles que, de origem não judaica, acreditavam nele. Cabia assim aos discípulos discernir o lugar dos fiéis de origem pagã no grupo dos discípulos de Jesus: eles deveriam se tornar judeus para participar plenamente da salvação ou, ao contrário, a circuncisão permanecia estranha ao Evangelho?

:: **264** :: Como apóstolo das nações, Paulo foi confrontado diretamente com essa questão, e foi ela que o levou a refletir a respeito das consequências eclesiais da mensagem evangélica. Ao dizer que a circuncisão não pertence ao Evangelho, ele se pronuncia certamente sobre a condição dos cristãos de origem pagã, mas também sobre a condição do grupo eclesial. O discurso de Paulo a respeito da Igreja depende diretamente de sua reflexão sobre o Evangelho (cf. 1Cor 1–4). Daí por que se submeter ao Evangelho significa respeitar até as últimas consequências o princípio do Cristo único Salvador.

:: **265** :: As Escrituras, ou seja, o Antigo Testamento, têm — elas também — uma autoridade, uma autoridade profética, coordenada com o Evangelho. O princípio da leitura paulina das Escrituras refere-se imediatamente ao Cristo e à salvação que ele traz. É o Evangelho — e a fé no Evangelho — que abre as Escrituras à inteligência e permite que esta siga suas orientações, portanto sua autoridade (cf. Rm 9; 2Cor 3).

:: **266** :: É nesse contexto da autoridade do Evangelho que Paulo reivindica publicamente para si a autoridade de apóstolo que "foi posto à parte" (Rm 1,1), "que foi chamado a ser apóstolo do Cristo Jesus pela vontade de Deus" (1Cor 1,1; 2Cor 1,1) e não "pela vontade dos homens" (Gl 1,1). Sua autoridade de apóstolo advém do fato de que ele foi escolhido para anunciar o Evangelho.

:: **267** :: Por mais essencial que seja, essa escolha de Deus não é suficiente. Ao viver o Evangelho, ou melhor, porque o Evangelho se dá a ler em sua vida, o apóstolo é uma verdadeira testemunha do Evangelho (cf. 1Cor 4,9-15): identificado com seu Senhor, ele dá a ler a novidade do Evangelho em sua própria existência. Essa autoridade se reconhece nos próprios frutos do Evangelho, pelo crescimento das comunidades na fé, na esperança e no amor.

:: **268** :: Paulo ousa aplicar aos próprios coríntios o termo "carta": "Nossa carta sois vós, carta escrita em nossos corações, conhecida e lida por todos os homens. Evidentemente, vós sois uma carta do Cristo confiada ao nosso ministério, escrita não com tinta, mas com o Espírito do Deus vivo, não sobre tábuas de pedra, mas sobre tábuas de carne, sobre vossos corações" (2Cor 3,2-3). Essa carta de abonação vem do Espírito não apenas em sua origem, mas também em seus destinatários. Ela fundamenta por sua vez a legitimidade do ministério de Paulo, que se acha confirmado por sua fecundidade, atestada pela fé dos coríntios. Assim, os coríntios, que receberam o ensinamento de Paulo, são, por sua vez, uma carta de recomendação de toda a sua ação. A *recepção* da autoridade doutrinal torna-se, dessa forma, um lugar dessa autoridade.

:: **269** :: Paulo mantém de forma absoluta a comunhão com o colegiado dos apóstolos que estão em Jerusalém e que ele chama de "colunas", "para que não tivesse corrido em vão" (Gl 2,2). Essa comunhão sabe atravessar o conflito com Pedro, a fim de que a Igreja "caminhe diretamente segundo a verdade do Evangelho" (Gl 2,14) da justificação pela fé em Cristo e não pelas obras da lei, um Evangelho no qual não há mais judeu nem grego (Gl 3,28). Graças a um diálogo vigoroso, que não exclui um tempo de oposição, os apóstolos administram o momento de crise e guardam a comunhão em sua pregação.

:: **270** :: Em relação à doutrina do casamento, Paulo distingue claramente o que ele ordena, pois "não sou eu, mas o Senhor" (1Cor 7,10), do que aconselha, pois "sou eu que falo e não o Senhor" (1Cor 7,12). Essa distinção deve ser lembrada, pois nem todo exercício de autoridade tem a mesma posição na Igreja.

:: **271** :: A autoridade de apóstolo se exerce a propósito da celebração da ceia do Senhor. Esta ceia de partilha e de comunhão não poderia ser contradita pelo egoísmo de uma refeição na qual "um passa fome enquanto outro se embriaga" (1Cor 11,21), quer dizer, onde a caridade comunitária é ultrajada.

:: **272** :: Enfim, a autoridade de Paulo manifesta o poder do Cristo por meio de sua própria fraqueza: "Quando estou fraco, então é que sou forte" (2Cor 12,9-10). Aí ele compreende ser conformado à autoanulação (*kénose*) do Cristo, que "foi crucificado em sua fraqueza, mas está vivo no poder de Deus" (2Cor 13,4).

:: **273** :: Se por suas argumentações Paulo intenciona convencer seus destinatários com autoridade; ele nunca deseja impor-lhes suas convicções do exterior, mas antes os remete à experiência que eles fizeram do amor de Deus por eles em Jesus Cristo. Ele não se esquece, de fato, que é movido pelo interior e à escuta do Espírito que o cristão deve julgar e decidir (Fl 3,15). Se por outro lado ele ressalta sua autoridade de apóstolo, não deixa de lembrar à comunidade a autoridade que lhe cabe — autoridade coletiva — em questões disciplinares cujas consequências doutrinais não poderiam ser minimizadas (1Cor 5,4-5). Ao longo dessas cartas, Paulo mostra que os problemas haláquicos[5] colocam em jogo a verdade e a pureza do Evangelho, daí por que a autoridade institucional e a autoridade doutrinal são, a seu ver, inseparáveis, como ele repete em Gálatas.

2. As cartas aos *Colossenses* e aos *Efésios*

:: **274** :: As epístolas aos Colossenses e aos Efésios colocam de maneira explícita a questão da função contínua da autoridade doutrinal apostólica. Ao dizer que o *mysterion* foi revelado aos "santos apóstolos e profetas" (Ef 3,5), elas pretendem fazer destes últimos os depositários da mensagem evangélica.

---

5. A *halakah* é a regra de conduta prática e o guia oficial da vida no judaísmo.

Não que seja preciso repetir seus ensinamentos, mas o anúncio do Evangelho guarda, ao longo dos tempos, o testemunho dos primeiros apóstolos e profetas como ponto de referência. O Evangelho conserva, assim, para sempre seu caráter apostólico, o de ter sido revelado aos apóstolos.

:: **275** :: Como nas epístolas precedentes, é na imitação do Cristo, que nos amou e se ofereceu por nós, que a autoridade deve se exercer na Igreja (Ef 5,2), na submissão recíproca (Ef 5,21).

3. As cartas pastorais

:: **276** :: A teologia das pastorais se exprime na articulação entre exortação e o anúncio da salvação que a motiva. Certamente determinado pelo conflito com "aqueles que ensinam outra coisa" (1Tm 1,3), esse anúncio se dá como *doutrina sã* e *depósito fiel*, transmissão fiel do ensinamento de Paulo (1Tm 1,19; 6,20; 2Tm 1,12.14; Tt 1,9). Ele não se utiliza apenas de tradições, mas afirma ser *a* tradição.

:: **277** :: Paulo se apresenta como a passagem obrigatória do anúncio da salvação, o centro da transmissão correta. O conflito com os adversários é um conflito entre professores, a respeito do conhecimento. Diante das pesquisas vãs e das genealogias sem fim (1Tm 1,4; 2Tm 2,23; Tt 1,14; 3,9), as pastorais se esforçam em traçar uma linha que, com origem em Deus, chega ao tempo presente da comunidade. O saber da salvação não é esotérico, sua linha é clara: Deus decidiu desde sempre salvar os homens; essa decisão, tornada realidade manifestada em Cristo, é o conteúdo da mensagem confiada a Paulo (1Tm 1,11 ss.; 2,6 s.; 2Tm 1,9 ss.; 2,8 ss.; Tt 1,1-4). Paulo apela à boa lembrança de Timóteo e Tito como motivação última do *depósito fiel* e do ensinamento são (1Tm 1,10; 2Tm 4,3; Tt 1,9; 2,1). Timóteo e Tito devem, por sua vez, escolher pessoas justas para continuar (2Tm 2,2). Fora dessa genealogia indicativa de boa procedência — depósito fiel, ensinamento são — encontram-se a busca vã e o erro.

:: **278** :: Paulo precede os fiéis e os ministros na condição de pecador justificado e professor. Da mesma forma, no dia do julgamento ele ainda é modelo do responsável cristão recompensado entre aqueles que aguardaram com amor a epifania do Senhor (2Tm 4,8). Ele é também o protótipo do crente fiel na continuidade da tradição familiar (2Tm 1,3). Ele é, enfim, o modelo daquele que sofre pela pregação do Evangelho (2Tm 1,12; 2,9), mas que já é vitorioso (2Tm 4,18). Ele atravessa todas as etapas do percurso indicado na exortação.

:: **279** :: Mas Paulo não está mais aqui (1Tm 3,14; 4,13 s.). A dilatação do tempo presente — atraso, espera — requer uma ocupação significativa do espaço social: "a casa de Deus" que é a Igreja torna-se o quadro de referência da exortação. Comportar-se segundo as instruções de Paulo na "casa de Deus" é a maneira pela qual a comunidade afirma seu vínculo vivo com o apóstolo na ausência deste. A prática ministerial ocupa o lugar que ele deixou vago. Ordenação, educação familiar, ensinamento, exortação, comportamento adequado equivalem, hoje, à ação outrora contada e realizada pelo apóstolo, quando Timóteo escutava suas palavras e partilhava suas "aventuras". Os mandatos de Timóteo e de Tito assumem os contornos das funções ministeriais atuais e sua origem no itinerário de Paulo.

:: **280** :: As diretivas de Paulo não desenham um itinerário individual de progresso nas virtudes ou nas qualidades morais ou filosóficas; elas são endereçadas a um *responsável pela comunidade*, situado em um espaço totalmente institucional: Timóteo é interpelado em seu *papel*, designado teologicamente como "servidor do Cristo Jesus" (1Tm 4,6), "homem de Deus" (1Tm 6,1 e 2Tm 3,17) e "servo do Senhor" (2Tm 2,24). Sua autoridade, que vem do apóstolo, é validada *pela comunidade instituída*, como a exortação constantemente o lembra (1Tm 4,14; 6,12; 2Tm 2,19-21; 3,10-17). É *pela comunidade* que ele deve se conformar às instruções que lhe são dadas (1Tm 4,6.10.12.16; 2Tm 2,23; 3,12; Tt 3,8.14).

:: **281** :: O vetor da comunicação, que da comunidade retorna à comunidade e encontra sua origem e seu fim em Deus Salvador, é ameaçado de interrupção *pelos adversários*. A resposta das cartas pastorais a respeito desse perigo consiste em delinear de forma mais nítida a figura do ministro. Ela o radica na tradição paulina e coloca em cena essa transmissão fiel entre Paulo e seus discípulos. A importância conferida à figura do destinatário serve para dar ao ministério sua motivação e sua norma. Na origem há o apóstolo, a quem foi confiado o Evangelho (1Tm 1,11 par.) e cuja tarefa deve ser levada adiante, apesar de sua ausência. É ele mesmo que determina a norma para o ministério, que faz que suas instruções sejam conhecidas e que os homens estejam presentes para colocá-las em prática. Cada ministro deverá se considerar discípulo de Paulo, como o foram Timóteo e Tito. Através do conjunto dessas relações com a comunidade, com Deus, com o mundo, com a origem paulina e contra os adversários, a *figura do responsável* adquire sua forma. Sua espessura e sua densidade temporais correspondem às da Igreja, concebida como casa de Deus.

:: **282** ::   As qualidades necessárias ao ministro, epíscopo[6] ou diácono (1Tm 3,1-13), "ecônomo de Deus" (Tt 1,7), são as mesmas as exigidas de todo ecônomo, de todo homem honesto da sociedade de então. O que se diz do epíscopo se diz do diácono ou do presbítero, e em parte das viúvas e de todo fiel. O perfil particular desse responsável cristão, chamado a ocupar seu lugar de "gerente" na "casa de Deus", delineia-se em suas relações com os diferentes espaços nos quais vive a comunidade.

:: **283** ::   Do ponto de vista social, o epíscopo parece fazer parte do grupo dos donos da casa. Qualquer um que não tivesse laços familiares e vivesse como pregador itinerante teria dificuldades em ser considerado dirigente da comunidade, o que sem dúvida faz parte da preocupação com a estabilidade e a consolidação da Igreja. No âmbito ético, o epíscopo conduz sua vida "privada" segundo as normas então vigentes para todos. Se o epíscopo é dono da casa, ele o é apenas como representante de Deus, como supervisor (Tt 1,7). O "dono" da grande casa, ao mesmo tempo presente e ausente, é o Senhor (2Tm 2,21).

:: **284** ::   A relação de duração (ver Tt 1,9: "firmemente ligado") é essencial. Assim também, para a escolha do epíscopo, a indicação de "que não seja um neófito" (1Tm 3,6) fornece um parâmetro negativo para aquele que não passou tempo suficiente na comunidade. Quanto ao orgulho, que ameaçaria o novo

---

6.   Como fizemos no documento *O ministério episcopal*, preferimos a tradução de *episkopos* por epíscopo, a fim de evitar conotar os desenvolvimentos ulteriores, doutrinais e sociais, que se unirão à figura do bispo.

convertido promovido rapidamente demais, é relacionado ao perigo herético: não estando ainda bem radicado na nova fé, ele é mais frágil. A preocupação fica mais explícita no procedimento de escolha dos *diáconos* — é necessário um tempo de teste, de prova do candidato (1Tm 3,10) — e dos *presbíteros* — não proceder à imposição das mãos de forma precoce a ninguém (1Tm 5,22). Mas essa preocupação com a duração e a continuidade não impede a exortação ao destinatário de que privilegie o jovem líder (1Tm 4,12), visto que ele foi educado na fé desde sua infância.

:: **285** :: A boa reputação aparece como critério decisivo de seleção: "que os de fora lhe deem um bom testemunho" (1Tm 3,7; 5,14; 6,1; Tt 2,5; 2,8.10). O comportamento exemplar mantém-se como um sinal *distintivo* e, ao mesmo tempo, *inteligível* para os de fora. O epíscopo é aquele que representa a comunidade perante a sociedade. Os ministros devem ser irrepreensíveis e respeitáveis em todos os aspectos, mas a verificação dessas qualidades ocorre nas questões domésticas.

:: **286** :: O ministério se articula em três espaços: a comunidade que se concebe como uma casa ampliada, em relação estreita com a casa privada e a sociedade. Se a harmonia interna da comunidade é uma mensagem para o exterior, a casa privada, onde se verifica a ética cotidiana de todo "homem honesto" ou mulher, funciona igualmente como lugar de verificação do comportamento do responsável cristão.

:: **287** :: O texto de Tito 1,9 delega claramente ao epíscopo a tarefa da luta contra os adversários: o perfil do ministro é apresentado como sua "contrafigura". Se há debate com os adversários sobre a avaliação do tempo presente — "a ressurreição já ocorreu" (2Tm 2,18) —, o perfil do ministro sugere que o conflito diz respeito igualmente à ordem e à desordem dos lugares e dos espaços. O ministro, em sua vida cotidiana, deve exprimir uma correta articulação entre os diferentes espaços mencionados (casa, igreja, sociedade). Os adversários, que desarrumam casas, parecem claramente contestar essas relações. Se o teste doméstico resulta negativo, a relação com a sociedade pode se deteriorar perigosamente.

:: **288** :: O projeto das cartas pastorais demanda um importante esforço de ensinamento por parte dos responsáveis por comunidades. A função de ensinamento do epíscopo, que sabe opor a "sã doutrina" à dos falsos doutores, é portanto central em seu papel de dirigente da comunidade (1Tm 3,2; 5,17; Tt 1,9). Além disso, as pastorais não estão isoladas nessas matérias, em um momento — a terceira geração cristã — em que as comunidades devem enfrentar dois problemas: a difusão dos desvios e a desaparição das profecias.

:: **289** :: O motivo do ensinamento é um dos elementos constantes dessas cartas. A "graça", que ensina ela mesma (Tt 2,12), motiva teologicamente a função pedagógica do ministro. A autoridade necessária ao cumprimento dessa tarefa repousa na apostolicidade, no caráter "paulino" das exortações concebidas como continuidade da herança contra interpretações sem fundamento. O importante é que as normas do apóstolo, que em última análise reportam-se ao próprio Cristo (1Tm 6,13 s.), sejam mantidas. Assim, a direção da comunidade não fundamenta sua autoridade em cargos indicados pela comunidade, nem delegados por ela a quem quer que seja, mas na própria norma apostólica, ela mesma baseada no Evangelho. O ministro vem da comunidade e nela exerce sua responsabilidade, mas seu ministério não é uma função da comunidade: é um "serviço" (*diakonia*). Ele responde por esse serviço perante o Senhor da Igreja, da qual é o administrador.

IV. Os escritos joaninos

:: **290** :: (*Referência ao Cristo*) O propósito do quarto evangelho não é, a princípio, o estabelecimento da Igreja, mas o anúncio da salvação realizada em Jesus Cristo e o apelo para que se viva uma fé que seja verdadeiramente fonte de vida (20,30-31). Assim, não é de admirar que o vocabulário da autoridade (*exousia*) apareça quando se fala da missão exercida por Jesus. Não se trata de uma autoridade escolhida, como o são os governos humanos (cf. o diálogo com Pilatos em 19,10-11), mas de uma qualificação recebida pessoalmente do Pai, segundo uma lógica de que o dom não implica um poder sobre os outros, mas a capacidade de tudo doar (17,1-2), doando-se a si mesmo: "Minha vida, ninguém me subtrai; tenho a autoridade de expô-la e tenho a autoridade de retomá-la; recebi esse mandamento de meu Pai" (10,18).

:: **291** ::   Revestido de autoridade plena (imagem do selo em 6,27), o Filho, enviado pelo Pai, tem capacidade para exercer a função de juiz escatológico (figura do Filho do homem em 5,27). Trata-se menos de um processo, no sentido jurídico do termo, que de um discernimento operado no coração do ser humano, dividido entre luz e trevas (3,19-21). O projeto de Deus é plenamente salvífico (3,16-17); a acolhida do Verbo encarnado confere aos fiéis a condição de filhos de Deus, com a autoridade inerente a essa condição filial: "A todos os que o receberam, ele deu a autoridade[7] de tornarem-se filhos de Deus, esses que acreditaram em seu nome" (1,12).

:: **292** ::   (*Referência à Igreja*) Se as convicções do quarto evangelho a respeito de Cristo são fortes e seguras, o mesmo não ocorre em relação à Igreja. A pesquisa moderna trouxe à luz as dificuldades encontradas pela comunidade joanina, que enfrentava várias crises de grande importância: ruptura com o judaísmo, concretizada por uma medida de excomunhão dolorosamente sentida (9,22; 12,42; 16,2); desencanto em relação ao mundo, ou seja, a sociedade pagã incapaz de aderir ao Cristo (capítulos 15 a 18); consecutivas divisões internas em virtude de graves desacordos em matéria de cristologia (1Jo 2,18-19 e 4,2-3).

:: **293** ::   Desde então, obrigada a vislumbrar modos concretos de exercício da autoridade eclesial, a comunidade joanina encontra-se dividida entre:

— a adesão incondicional ao Discípulo amado, testemunha autêntica da totalidade do mistério pascal (lava-pés em 13,23-26; crucificação em 19,26-27; túmulo vazio em 20,8) e garante da veracidade do testemunho joanino (19,35) para além de sua própria morte (21,21-24);

— o sentimento do presbítero, encarregado da comunidade no estágio das epístolas, de pertencer, ao mesmo tempo, a um coletivo que se exprimia de forma colegiada (os vários "nós" da primeira epístola) e a uma tradição con-

---

7. *Exousia*, termo frequentemente traduzido neste caso por *poder*.

fessante, enraizada no acontecimento pascal e sucedida pelo testemunho de várias gerações de fiéis (1Jo 1,1-4).

:: **294** ::   Desde a última ceia, o Discípulo amado encontra-se tão próximo de Jesus que constitui um mediador obrigatório entre Jesus e os outros discípulos, a começar por Pedro (13,23-26). Além disso, na hora da cruz, o Discípulo amado recebe a condição de irmão herdeiro de Jesus: "Aqui está tua mãe" (19,27), o que lhe vale a delegação da autoridade sobre a comunidade. O exemplo dado por Jesus na cena do lava-pés constitui a referência obrigatória para o exercício de uma autoridade eclesial que só pode ser de serviço — "Eu vos dei um exemplo, de forma que, como fiz por vós, fazei vós também" (13,15) — e não pode tomar o lugar daquele que, sendo "o caminho, a verdade e a vida", é o único que pode levar ao Pai (14,6).

:: **295** ::   Finalmente, no fim de sua trajetória, a comunidade joanina, sem renegar sua própria tradição (21,24), toma consciência da necessidade de um modelo eclesiológico mais amplo que a única referência à autoridade do Discípulo fundador: a reabilitação de Pedro, aureolado pela glória de seu martírio (21,15-19), marca a vontade do grupo joanino de estabelecer os laços de comunhão com outras comunidades portadoras de modelos institucionais diferentes do seu.

:: **296** ::   (*Referência ao Espírito*) Em diversas vezes, o dom do Espírito Paráclito é apresentado como a consequência direta da partida de Jesus (14,15–18,26; 15,26-27; 16,7). O Espírito se encontra, portanto, inseparável da realidade pós-pascal: ele exerce junto aos fiéis uma função pedagógica e reveladora, permitindo a recepção e a atualização das palavras de Jesus (15,26; 16,12-15). Cada discípulo se encontra desde então chamado a realizar obras iguais, e até superiores, às de Jesus (14,12).

:: **297** ::   A autoridade do Espírito Santo é invocada, no seio de crises ou dificuldades eclesiais, não somente para legitimar, mas também para regular a disciplina comunitária da excomunhão e da reintegração de membros culpados de faltas graves. Na noite de Páscoa, a mensagem do Ressuscitado a seus discípulos consiste, de fato, em um envio: "Como o Pai me enviou, eu também vos envio" (20,21); mas o dom do sopro visa mais particularmente à definição de fronteiras de uma comunidade desejosa de confirmar e manter sua identidade: "Tendo dito isso, Jesus soprou sobre eles e lhes disse: Recebei o Espírito Santo; a quem perdoardes os pecados, estes serão perdoados; a quem os mantiverdes, eles serão mantidos" (20,22-23).

:: **298** :: Se, portanto, na teologia joanina, a autoridade retorna inicialmente ao Filho enviado do Pai, o dom do Espírito Santo assume, de certa forma, o revezamento com uma comunidade concreta, quando as situações difíceis a obrigam a executar, por ela mesma, atos de autoridade. Em tais circunstâncias, o Espírito Santo tem oportunidade de exercer a missão de "conselheiro", contida em seu título jurídico (paráclito — advogado) que lhe confere o quarto evangelho.

:: **299** :: (*Referência ao fiel*) Reconhecendo a necessidade de uma instituição eclesial referente à autoridade do Senhor, através da função do Espírito, a comunidade joanina afirma uma relativa autonomia do sujeito que crê. Em plena crise, a primeira epístola de João ousa afirmar: "Vós não tendes necessidade de que alguém vos ensine" (1Jo 2,27). Para justificar essa afirmação, o autor recorre à "unção" que "vós recebestes do Santo" (2,20) e que "vos ensina tudo" (2,27).

:: **300** :: Qualquer que seja o efeito do Espírito ou da Palavra, essa unção (em grego, *chrisma*) constitui a marca inscrita em cada fiel de sua adesão ao Cristo. Teoricamente, ela deveria inspirar um justo discernimento do verdadeiro e do falso em matéria de cristologia (4,1-6) e tornar inútil o exercício de um ministério de ensinamento (2,27). Todavia, o caráter utópico de tal posição sobressai do capítulo 21 do evangelho, que, ao mesmo tempo, apela à autoridade do Discípulo amado (21,24) e justifica o recurso à figura instituída de Pedro (21,15-19).

:: **301** :: Dessa tensão interna à teologia joanina salta a forte convicção de que todo discípulo mantém em primeiro lugar sua própria identidade na estreita relação estabelecida com o Cristo. Como os sarmentos ligados a uma única videira (15,1-7), como as ovelhas que são todas conhecidas pelo pastor (10,1-18), os fiéis só formam um povo na medida em que cada um é acolhido total e pessoalmente pelo único Senhor. A referência ao Cristo constitui, portanto, o ponto de equilíbrio entre a insistência na autoridade legítima do Discípulo amado e a dimensão igualitária ligada à presença ativa do Espírito Santo.

V. O cânon do Novo Testamento

:: **302** :: Sem pretender ser exaustivo, o estudo que guiamos pelos principais textos do Novo Testamento atesta uma diversidade de modelos relativos ao exercício da autoridade doutrinal nas comunidades pós-pascais. As figuras propostas por Mateus, Lucas, Paulo e João apresentam entre elas diferenças de ênfase; no próprio seio dessas quatro tradições também existem tensões. Seria tentador privilegiar um escrito em detrimento de outros, tomados como menos importantes no assunto.

:: **303** :: O estabelecimento do cânon neotestamentário, no final de um longo processo de reconhecimento mútuo por parte das Igrejas e de comunidades diversas, teve como consequência não apenas reunir escritos diferentes mas reconhecer-lhes, efetivamente, um igual valor normativo. Isso não significa que ignoremos as diferenças entre os modelos de autoridade propostos pelos diversos escritos. Assim, poderíamos dizer que o cânon das Escrituras constitui por si só um belo exemplo de consenso diferenciado, no qual a referência comum à autoridade soberana única do Cristo assegura, de fato, a unidade entre concepções e práticas eclesiais de autoridade diversificadas, na medida de diferenças de todas as ordens que afetam os modos de vida das comunidades.

:: **304** :: O reconhecimento do cânon bíblico, em particular do cânon neotestamentário, atesta a autoridade das Escrituras sobre a Igreja e pela Igreja; ele é também um ato comunitário pelo qual as Igrejas se reconhecem igualmente solidárias entre si e partilhando uma mesma fé, pois os escritos em que se percebem divergências doutrinais reais não foram incluídos no cânon.

:: :: :: ::

Conclusões sobre a Escritura

:: **305** :: *Ao fim deste itinerário, gostaríamos de recordar alguns pontos-chave que devem inspirar a sequência de nossa pesquisa sobre a autoridade doutrinal. Constatamos, inicialmente, nos testemunhos de tradições neotestamentárias* *uma evidente diversidade na maneira de apresentar e fundamentar a autoridade. Mas, acolhendo-as como canônicas, a Igreja pós-apostólica as interpretou como formando uma unidade real.*

:: **306** :: *(A autoridade de Jesus) Os relatos evangélicos insistem na autoridade que Jesus recebe do Pai, desde o início de sua vida pública. Essa autoridade é a da proclamação do Reino de Deus, do qual Jesus desvela o mistério pela coerência entre suas palavras e seus atos de libertação, de cura e de perdão.*

:: **307** :: *Jesus recebeu a autoridade de Deus, seu Pai, em vista de sua missão, que é proclamar por suas palavras e seus atos a vinda do Reino de Deus e a salvação da humanidade. Em sua maneira de exercer essa autoridade, Jesus dá o exemplo de uma autoridade de puro serviço, de uma autoridade subordinada ao dom da salvação.*

:: **308** :: *(A autoridade transmitida) Jesus mantém-se presente por muito tempo na Igreja, mas segundo outra modalidade. Ele mantém toda a sua autoridade sobre ela, mas não a exerce mais por sua presença visível, pois depois da Páscoa ele a confia a seus discípulos. Ele lhes delega a autoridade como alicerces do poder. Ele a dá verdadeiramente, mas não a abandona e não desiste dela. A autoridade exercida na Igreja será sempre uma administração, que remete ao único Mestre e Senhor, ao mesmo tempo presente e ausente de sua Igreja, e é na força do Espírito que os discípulos poderão exercê-la em verdade, a exemplo de seu Senhor.*

:: **309** :: *Essa autoridade é conferida de diversas formas. Ela é comunicada inicialmente aos que conheceram Jesus, depois a outros, como Paulo. Com o tempo, ela atinge os discípulos e as comunidades de gerações seguintes e dá lugar a instituições ministeriais diversas.*

:: **310** :: *A autoridade da Igreja pós-apostólica é recebida da Igreja apostólica, como o atestam em particular as cartas aos Colossenses, aos Efésios e as pastorais[8]. Também a Igreja pós-apostólica declara que é necessário submeter-se ao Evangelho transmitido pelos apóstolos. Apesar da morte destes últimos, a Igreja permanece apostólica, e esta característica é definitiva.*

---

8. Mesma orientação nas epístolas católicas e no capítulo 21 do evangelho de João.

:: 311 :: *(O exercício da autoridade) Esse processo não está isento de diversas crises, atestadas pelos escritos do Novo Testamento, como a que ocorre entre Pedro e Paulo, a dificuldade de saber se as observâncias judaicas deveriam ser impostas aos cristãos de origem pagã, a legitimação de responsáveis após o desaparecimento das primeiras testemunhas, entre outras. O Novo Testamento indica também os meios de gerenciar as crises e de sair delas, por um contínuo retorno ao Evangelho.*

:: 312 :: *Para o Novo Testamento, a forma do serviço (diakonia) é a forma da autoridade, não somente na pessoa do Cristo, mas ainda na pessoa de todos os que são revestidos de responsabilidade na Igreja.*

:: 313 :: *Vimos afirmar-se no Novo Testamento não apenas a autoridade da Escritura (que remete ao Antigo Testamento), mas ainda a da palavra das testemunhas do acontecimento Jesus Cristo, que se concretizará na redação do Novo Testamento, de confissões de fé e das primeiras liturgias. Vemos também nascer uma tipologia de pessoas revestidas de autoridade (a testemunha, o profeta, o discípulo...) e notamos a afirmação da transmissão dessa autoridade para além da morte das primeiras testemunhas. Constatamos, enfim, o papel ativo e responsável das comunidades. Em suma, no exercício da autoridade, o Novo Testamento descreve um funcionamento inicial de várias instâncias — pessoal, colegiada e comunitária. É com base nessas indicações apresentadas pelo Novo Testamento sobre este funcionamento que devemos reconhecer os modelos que podem nos ajudar no exercício da autoridade doutrinal na Igreja de nosso tempo.*

CAPÍTULO 4
PROPOSTAS DOUTRINAIS

:: **314** ::   Nos três primeiros capítulos de nosso trabalho recolhemos com atenção e respeito inúmeros dados que permanecerão presentes em nossa análise. Fizemos uma "anamnese". Daqui em diante, queremos apresentar uma contribuição que mobiliza nosso grupo sobre a difícil questão da autoridade doutrinal da Igreja. Essa nova parte quer ser "terapêutica".

:: **315** ::   Inicialmente, tentaremos destacar tudo o que aparentemente pode ser objeto de consenso entre nossas Igrejas. Sabemos que esse domínio do consenso pode ser ao mesmo tempo partilhado e *diferenciado*[1] em razão de nossas respectivas tradições e práticas (I). Depois, abordaremos, com serenidade e lucidez, as divergências que permanecem entre nós a respeito do tema, no próprio seio de nosso consenso referente à autoridade do Evangelho sobre a Igreja (II). Enfim, faremos algumas propostas que possam ajudar na conversão dessas diferenças e ampliar os domínios de nosso consenso (III). Esse movimento em três tempos irá estruturar este capítulo.

---

1. Nós adotamos o termo *diferenciado* no sentido empregado na *Declaração comum sobre a justificação*, acordo luterano-católico solenemente assinado em Augsburgo, em 31 de outubro de 1999. O consenso central gira em torno da fé em Jesus Cristo Salvador, da justificação pela fé etc. Mas ele carrega um bom número de *diferenças* que podem não ser mais *divergências*.

I. Um consenso diferenciado

:: **316** :: Para compreender o "consenso diferenciado" tal como se destaca das práticas eclesiais, devemos observar sucessivamente a autoridade dos *textos*, a das *pessoas*, o papel das *instâncias institucionais* e, enfim, os problemas apresentados por *seu funcionamento*. Bem entendido, toda autoridade "ligada", ou seja, ao mesmo tempo submetida e relacionada ao Evangelho. Não nos esqueçamos de que há uma hierarquia entre as diversas autoridades doutrinais. Devemos enfim considerar não apenas as autoridades passadas, mas também as autoridades presentes, essas que nos abrem ao futuro da fé.

1. A autoridade dos textos

:: **317** :: Os textos que estabelecem a autoridade para a fé cristã são os seguintes: inicial e fundamentalmente a *Escritura*; depois as *confissões de fé*, os *documentos conciliares*, *simbólicos* ou *dogmáticos*, as *liturgias*, os *catecismos*, os *textos disciplinares*, aos quais se junta, atualmente, a autoridade de alguns *documentos ecumênicos*. Naturalmente, existem graus diferenciados de autoridade entre estes textos, que não podem ser colocados em pé de igualdade.

:: **318** :: Nós confessamos em conjunto a *autoridade soberana das Sagradas Escrituras*. Nós lhes reconhecemos seu valor de norma última (*norma normans*) para a fé dos cristãos, pois delas recebemos a atestação autêntica da Palavra de Deus e do Evangelho. Todos os outros discursos que fazem a autoridade pela fé (*norma normata*) devem ter seu testemunho como parâmetro. Segundo a própria lógica da encarnação, a revelação de Deus passa pela expressão de uma palavra humana, a fim de atingir o fiel. Essa implicação entre o que vem de Deus no Espírito Santo e o que vem do homem na fé marcará, em diversos graus, todo exercício da autoridade na Igreja.
Essa proclamação da autoridade das Escrituras foi analisada no terceiro capítulo de nosso trabalho, quando quisemos confirmar na Escritura o fundamento da autoridade doutrinal que se exerce na Igreja. É com base no reconhecimento ativo dessa norma última que pretendemos redigir estas propostas doutrinais.

:: **319** :: Reconhecemos também a autoridade das *confissões de fé*. Estas têm sua origem no próprio Novo Testamento[2]. Elas assumem ao mesmo tempo um valor confessional e um valor doutrinal. Elas têm como função reunir em fórmulas breves e estruturadas o essencial ou o centro da mensagem da Escritura. Elas são uma expressão maior da tradição da fé.

:: **320** :: Entre as confissões de fé e a Escritura há o vaivém de uma interpretação mútua: a Igreja recapitula a abundante diversidade das páginas da Escritura na unidade da confissão, que se apresenta como a gramática e a essência de sua mensagem; de sua parte, a confissão só mantém seu sentido na ligação prioritária com a Escritura. É nesse sentido que podemos dizer que as confissões interpretam a Escritura e que, por sua vez, a Escritura é o critério normativo de interpretação de confissões que estão a seu serviço. As confissões sintetizam a Escritura num dado momento e em relação a determinada cultura, enquanto a Escritura interpela a todo tempo as Igrejas por intermédio de suas confissões de fé.

:: **321** :: Isso vale em particular para confissões antigas, como o Símbolo conhecido como "dos Apóstolos". Mesmo que os apóstolos não o tenham redigido, as Igrejas do Ocidente o receberam como revestido de uma autoridade apostólica. Da mesma forma, as Igrejas do Oriente e do Ocidente receberam o Símbolo de Niceia-Constantinopla como a expressão renovada da fé dos apóstolos em uma época em que a fé trinitária e cristológica estava sendo contestada. Também a definição de Calcedônia constitui igualmente uma confissão de fé cristológica, mesmo que nunca tenha tido o estatuto litúrgico.

:: **322** :: As confissões de fé dos tempos modernos, redigidas pelas Igrejas originadas das divisões do século XVI (por exemplo, as confissões de Augsburgo e de La Rochelle, para os luteranos e os reformados), obedeciam a uma necessidade idêntica, mesmo quando serviam também à definição e à confirmação de suas respectivas identidades e às exigências de um testemunho comum em

---

2. Jesus com um título: Romanos 10,9; Filipenses 2,11; 1 Coríntios 12,3; Atos 18,5 e 28; 1 João 2,22; Atos 8,36-38; Jesus morto e ressuscitado: 1 Coríntios 15,3-5; Atos 2,14-39 (*kerygma*); Jesus vindo em carne: 1 João 4,2; 2 João 7; fórmulas binárias, Deus e Cristo: 1 Coríntios 8,6; 1 Timóteo 2,5-6; modelo ternário, pai, Filho, Espírito: 1 Coríntios 12,4-6; Efésios 4,4-6.

condições muito próximas da realidade (cf. a declaração de Barmen, em 1934, ou a confissão de fé da Igreja presbiteriana na África do Sul, em 1973)³.

:: **323** ::   Nós reconhecemos em conjunto e prioritariamente a autoridade dos *quatro primeiros concílios ecumênicos*[4], pois suas decisões permitiram que as Igrejas mantivessem a autenticidade da fé em momentos em que esta estava ameaçada. Um ou outro ponto na mensagem apostólica tornava-se, então, objeto de um "estatuto de confissão" (*status confessionis*), ou seja, a posição assumida era considerada decisiva aos olhos da comunhão na mesma fé. A autoridade dos concílios era exercida em prol da fidelidade à verdade, tal como se encontra consignada na Escritura. É por essa razão que a feliz celebração de um concílio era considerada um novo Pentecostes.

:: **324** ::   Desde as rupturas dos séculos V, XI e XVI, cada Igreja continuou a assegurar a transmissão e a regulação da fé por meio de documentos conciliares, sinodais ou simbólicos. Estes documentos sempre são considerados uma norma que se submete à autoridade da Escritura (*norma normata*). O grau de autoridade varia de documento para documento. Depende da maneira como a assembleia ou a pessoa que edita o texto deseja se comprometer. Desde as separações, essas referências constituídas pelos textos dogmáticos, sinodais ou simbólicos não são mais as mesmas para as diferentes Igrejas, o que deixa para o futuro um problema da natureza do laço de fidelidade que cada uma acredita dever manter com elas.

:: **325** ::   Em nome do princípio tradicional *a regra da oração é a regra para a fé* (*lex orandi, lex credendi*), reconhecemos que as liturgias, que são uma dimensão orante da interpretação da Escritura, fazem parte da identidade das Igrejas das quais elas significam e efetuam a comunhão. As grandes li-

---

3. A Declaração de Barmen, em 1934, opunha-se formalmente às posições dos "cristãos alemães", que eram tentados a aderir a algumas ideias nazistas. A confissão de fé da África do Sul combatia o *apartheid* racista. Nos dois casos, estes pontos, tornados candentes, foram elevados ao "estatuto de confissão" (*status confessionis*), ou seja, critério de fé discernindo o que é cristão do que não o é. Cf. abaixo nº 323.

4. Ou seja, Niceia (325), Constantinopla I (381), Éfeso (431) e Calcedônia (451), sem esquecer que as Igrejas orientais ortodoxas não reconhecem o quarto concílio.

turgias — batismais, eucarísticas e outras — são documentos que exercem autoridade na expressão da fé.

:: **326** ::   A Igreja antiga transmitia a fé a seus catecúmenos adultos em uma *catequese*, na maior parte das vezes desenvolvida com base na confissão de fé do Batismo. A catequese de adultos esteve relacionada no curso da história pelos *catecismos* destinados, segundo o caso, às crianças ou aos adultos. O século XVI foi, nesse sentido, um grande momento de florescimento, tanto nas Igrejas da Reforma como na Igreja católica. Os textos catequéticos há tempos recebidos e praticados nas Igrejas são também importantes documentos para a fé.

:: **327** ::   Na série de textos que servem à autoridade, não devemos nos esquecer dos *documentos jurídicos*, tanto os de expressão mais ampla, na Igreja católica, como o *Código de Direito Canônico* da Igreja do Ocidente, o *Código dos Cânones das Igrejas Orientais*, quanto os de expressão mais regional, como os textos chamados de *Disciplina*, *Constituição*, *Agendas*, *Artigos* nas Igrejas oriundas da Reforma. Esses documentos jurídicos são realmente homólogos, ainda que não sejam da mesma ordem, e não são apenas simples manuais de regras. Eles visam aplicação prática, pastoral e comunitária da fé e da vida cristãs. Eles expressam autoridade e constituem também referências doutrinais.

:: **328** ::   Vemos igualmente emergir, nos dias de hoje, a autoridade de um novo tipo de documento, os documentos de acordos ecumênicos (por exemplo: a *Concórdia de Leuenberg*, entre as Igrejas reformadas e luteranas na Europa[5], a *Declaração conjunta sobre a doutrina da justificação*, entre as Igrejas da Federação luterana mundial e a Igreja católica romana, a afirmação comum de Reully[6]). Quando duas ou mais Igrejas se sentem capazes de assinar juntas

---

5.   Concórdia assinada em 1973 entre as Igrejas luteranas, reformadas e unidas na Europa e estabelecendo entre estas Igrejas a plena comunhão quanto à pregação e à administração dos sacramentos. Desde 2003, essa comunhão é intitulada *Comunhão das Igrejas protestantes da Europa*.

6.   Declaração assinada em 2001 pelas Igrejas anglicanas da Grã-Bretanha e da Irlanda e as Igrejas luteranas e reformadas da França. Ela estabelece uma unidade visivel referente à pregação e aos sacramentos, bem como a hospitalidade eucarística reciproca; mas ela não permite a plena intercambialidade de ministros. Cf. *Appelés à temoigner et à servir*, Paris, Les Bergers et les Mages, 1999.

uma declaração que exprime um acordo sobre a fé, e daí assumirem juntas as consequências (como na *Carta ecumênica*[7]), isso significa que, qualquer que seja a extensão desse acordo, todas reconhecem por si sós a autoridade do que foi acordado. Dado o caráter recente destes documentos, sua recepção está ainda em curso e o grau exato de sua autoridade se destacará futuramente.

:: **329** :: A autoridade de documentos escritos é suficiente? Não, pela simples razão de que um texto não tem sentido fora de uma comunidade viva que se reconheça obrigada por ele. Este é o sentido do antigo estabelecimento do cânon da Escritura. Além disso, todo texto demanda uma tarefa constante de interpretação ao longo dos tempos, exercida pela consciência cristã, ao mesmo tempo pessoal e comunitária, e por instâncias institucionais.

:: **330** :: A recensão dos textos recebidos como expressão de autoridade evidencia que sua própria sucessão se inscreve em um fenômeno de interpretação incessantemente renovada, em virtude das questões que surgem na sociedade, da cultura em que estão inseridos e de sua história: atualmente a secularização, a busca do diálogo ecumênico, o diálogo judeu-cristão, os debates inter-religiosos. Essa necessidade vale também para o próprio texto da Escritura, se a comunidade dos fiéis não se contentar em repeti-lo como se fossem palavras mortas.

A autoridade dos textos nos conduz, portanto, a considerar a autoridade das comunidades e das pessoas que os produzem.

2. A autoridade de comunidades e de pessoas

:: **331** :: É evidente que os textos cuja autoridade reconhecemos não existem por si sós. Na condição de textos, eles são letra, que pode muito bem tornar-se letra morta. Eles existem no interior de uma circulação da vida

---

7. Documento assinado em Estrasburgo, em 2001, entre os representantes da Conferência das Igrejas europeias (KEK) e o Conselho das Conferências Episcopais da Europa (CCEE), estabelecendo "linhas diretrizes em vista de uma colaboração crescente entre as Igrejas na Europa". Cf. *DC* 2250 (2001) 584-588; Parole et silence, 2003.

eclesial animada pelo Espírito de Deus e ganham sentido e força dentro de uma comunidade de pessoas. O Evangelho vivo, aquele que toca os corações, que suscita a fé, que converte e justifica, foi confiado a um povo ao longo de uma transmissão que remonta à pregação dos apóstolos. Por sua vez, os Padres da Igreja antiga constituem um exemplo indispensável dessa transmissão. Eles praticaram uma leitura viva e atualizada da Escritura a serviço das comunidades e em diálogo com as questões apresentadas pela cultura e pela vida social de seu tempo. Assim, a Escritura é dada à Igreja, que a guarda e que é guardada e organizada por ela.

:: **332** :: Agora é necessário, então, considerar as comunidades e as pessoas que exercem autoridade no domínio da fé: *a tradição viva da fé*, *a autoridade do povo cristão* e o fenômeno da *recepção*, *a autoridade da pessoa e da consciência*, *o ensinamento dos Padres da Igreja, dos doutores e dos teólogos*.

:: **333** :: Reconhecemos a autoridade da fé transmitida pelos apóstolos, ou seja, por sua pregação viva, da qual a Escritura é a testemunha privilegiada. Em suas diversas expressões, essa tradição constituiu o meio fértil para a redação dos livros do Novo Testamento. Ela é anterior a ele, pois a fé das primeiras Igrejas era autêntica bem antes da redação dos livros do Novo Testamento e de sua constituição em um *corpus* que expressará a autoridade.

:: **334** :: Não confundamos essa tradição viva e original com o conjunto de tradições pós-apostólicas que podem ter vindo enriquecer ou modificar, por vezes até alterar, a vida da Igreja. Mas cremos que essa tradição original se manteve para guardar as Igrejas na fidelidade à fé apostólica. É graças a ela que as Igrejas de hoje estão convencidas a viver na fé dos apóstolos. Foi ela que veiculou até nós, no coração de um testemunho e de um compromisso de fé, a mensagem das Escrituras. Referindo-se a Santo Agostinho, a própria Reforma reconhece essa tradição: "Se é dessa forma, os concílios recebem a autoridade que devem ter, e todavia a Escritura permanece em sua preeminência, a que tudo seja sujeito à regra. Isto posto, reconhecemos firmemente os antigos concílios, como os de Niceia, Constantinopla […], que foram realizados para condenar os erros; nós lhes prestamos, digo eu, honra e reverência, em tudo que pertence aos artigos neles definidos. Pois os concílios contêm apenas uma pura e natural interpretação da Escritura"[8].

Mas onde encontrar as grandes testemunhas e os lugares em que se exprime essa tradição?

:: 335 :: Reconhecemos a autoridade doutrinal do *povo cristão* considerado em sua totalidade. É isso que a tradição cristã chama de *senso dos fiéis* (*sensus fidelium*) ou *senso da fé* (*sensus fidei*). O Concílio Vaticano II diz, por exemplo, citando Santo Agostinho: "O conjunto dos fiéis ungidos pelo Espírito Santo (cf. 1Jo 2,20.27) não pode errar na fé e manifesta essa propriedade que lhe é particular por meio do senso sobrenatural da fé de todo o povo quando, 'desde os bispos aos últimos fiéis leigos', exprime seu acolhimento universal em matéria de fé e de costumes" (*LG*, 12). Uma declaração da ARCIC[9] fala igualmente da "autoridade cristã": "Quando os cristãos agem e falam dessa maneira, os homens percebem a palavra, plena de autoridade, do Cristo"[10]. "Trata-se", escreve Lutero, "de um sacerdócio espiritual, comum a todos os cristãos. [...] Se bem que cada cristão é instruído e ensinado pessoalmente por Deus (Is 54,13). E segundo Isaías 11,9 'A terra está repleta do conhecimento de Deus, como de água e de um mar agitado'. É por isso que Cristo pôde dizer, segundo João 6,45: 'Todos serão discípulos de Deus'"[11] e "todos ou doutores com seus ensinamentos devem submeter-se ao julgamento de auditores"[12].

:: 336 :: Uma das maneiras concretas pela qual se exerce a autoridade do conjunto do povo cristão é o fato da *recepção*. A recepção é um fenômeno complexo, que se inscreve no tempo e pode conhecer certas vicissitudes. Durante seu curso, o povo cristão se apropria e assume como seus os ensinamentos recebidos das autoridades da Igreja. A recepção não se decreta por força de lei. Ela ocorre

---

8. Calvino, *IC*, IV, IX, 8.
9. Sigla inglesa da Comissão Internacional Anglicana – Católica Romana.
10. ARCIC, *Autorité dans l'Église I*, Venise, 1976, n. 3, apud *Anglicans et catholiques, la quête de l'unité*, Paris, Cerf, 1997, p. 63.
11. Lutero, *Vom Missbrauch der Messe*, 1521, I; WA 8, 486-487.
12. Lutero, *Qu'une assemblée ou comunauté chrétienne a Le droit et Le pouvoir de juger toutes lês doctrines, d'appler, d'installer et de destiner des prédicateurs*, in *Oeuvres*, IV, 1958, p. 83.

ou não ocorre é é constatada posteriormente. Tornar sua não é somente aceitar a palavra ouvida, é vivê-la, é integrá-la à carne e ao sangue da vida da Igreja. A recepção é bem mais simples que a obediência, a ignorância ou a recusa: ela contribui, por sua vez, para "dar sentido" a uma decisão, muitas vezes para além da intenção de seus autores. A recepção atesta que a autoridade foi um bom serviço prestado a seus destinatários, um ato subordinado à salvação. Se ela falta totalmente, isso significa que o texto não exerceu sua fecundidade na Igreja. No primeiro caso, pode-se falar da autoridade da recepção de um texto, que não substitui a autoridade da instância que o produziu, mas vem compor com ela.

:: **337** :: Se o conjunto do povo cristão constitui uma autoridade doutrinal é porque *cada batizado* se acha investido de uma responsabilidade e também, portanto, de uma autoridade no domínio da fé. Essa autoridade é a da consciência, na medida em que é habitada pelo Espírito de Deus. Falar dessa maneira não significa submeter formalmente o conteúdo da fé ao livre exame[13], mas reconhecer que o ato de fé só pode ser livre e exercido conscientemente. A consciência permanece para todo fiel a instância última de decisão. Sua obediência de fé lhe confere também uma autoridade na fé. Era isso que expressava Ireneu ao falar do discípulo espiritual que julga tudo e não é julgado por ninguém[14].

:: **338** :: Essa autoridade da consciência é particularmente exigente, pois é fundamentada na docilidade ao Espírito de Deus. Ela não pode justificar os diversos "entusiasmos" nem conduzir ao individualismo religioso. Ela é simplesmente a matriz do senso dos fiéis (*sensus fidelium*).

:: **339** :: Cada *fiel, por seu Batismo*, tem uma tarefa de vigilância doutrinal, em sua medida, particularmente a de julgar a pregação. É a própria consequência do sacerdócio universal dos fiéis[15]. A autoridade de cada um aumenta evidentemente na medida de sua qualidade cristã. A autoridade do homem

---

13. A expressão livre exame é ambígua: ela pode ser interpretada em um sentido pejorativo, como foi o caso mais frequente na Igreja católica, e pode assumir um sentido justo, quando se fala da consciência fiel à ação do Espírito Santo. Cf. acima n° 124, 127, 132-134.
14. Cf. *CH*, IV, 33,1.
15. Expressão mais protestante, que corresponde à expressão católica do "sacerdócio real dos batizados".

espiritual, a do mártir e do místico, até em certos casos a do poeta ou do artista, ou seja, aqueles cuja experiência espiritual é forte e que são capazes de esclarecer os outros fiéis em sua caminhada na fé, são reconhecidas em todas as Igrejas. Existem sábios no âmbito da vida espiritual cujo testemunho tem autoridade e serve de referência.

:: **340** :: Entre os cristãos batizados, *os Padres, os doutores e os teólogos* da Igreja exercem uma autoridade a serviço da autenticidade da fé. Essa autoridade pode ser exercida durante sua vida, mas para a maioria deles ele se prolonga por muito tempo após sua morte. A autoridade dos Padres da Igreja antiga, que pertenciam à época em que se edificava a Igreja, tem um valor particular, pois ela fundamenta o lugar teológico do "consenso dos Padres". Essa referência mantém seu valor mesmo que esse consenso nunca tenha se verificado de forma universal e não passe de um consenso moral.

:: **341** :: Cada *ministro* enviado pela Igreja para a pregação e a catequese está revestido de uma responsabilidade e, portanto, também de uma autoridade na transmissão da fé, assim como aqueles e aquelas que lhes são associados em seus ministérios ("anciãos", "conselheiros presbiteriais" ou "paroquiais" das tradições luterana e reformada, leigos com responsabilidades e cargos eclesiais do lado católico); também os pais que transmitem a fé a seus filhos, os padrinhos e as madrinhas participam dessa autoridade. A pregação e a catequese são "lugares" de exercício da autoridade doutrinal.

3. A autoridade das instâncias institucionais

:: **342** :: Para permitir que essas diversas autoridades sejam exercidas em harmonia e unidade, existem nas Igrejas instâncias institucionais e ministeriais encarregadas de manter as comunidades na unanimidade da fé, propondo uma atualização fiel da mensagem do Evangelho. Essas instâncias são necessárias não somente para evitar a desordem ou a confusão, mas ainda para testemunhar que as comunidades cristãs recebem sua fé da mensagem do Evangelho, que constitui sua autoridade última.

:: **343** :: Atualmente, as instâncias institucionais são diferentes conforme as Igrejas e os vários regimes de funcionamento, em particular o regime episcopal e o presbiteriano-sinodal[16]. Mas todas as Igrejas atribuem um papel determinante tanto aos bispos como aos padres ou pastores, aos doutores, aos concílios e aos sínodos. Antes de avançar em considerações mais detalhadas a esse respeito, gostaríamos de lembrar que essas instâncias devem se inscrever na tripla articulação de princípios comunitário, colegiado e pessoal. Como nos expressamos em nosso documento sobre *O ministério de comunhão na Igreja universal*[17], consideramos que essa trilogia pertence à estrutura da Igreja.

:: **344** :: *A dimensão comunitária*: se o povo de Deus é aquele a quem foi confiado o Evangelho vivo, o exercício da autoridade doutrinal deve ser feito em comunhão constante com ele, em um clima de cumplicidade e de troca. "Para esse processo permanente de discernimento e de resposta no qual a fé é expressa e o Evangelho aplicado pastoralmente, o Santo Espírito deixa manifestada a autoridade do Senhor Jesus Cristo e o fiel pode viver livremente, submetido à disciplina do Evangelho."[18] O povo exprime seu acolhimento ou sua desaprovação de diversas maneiras, em particular por meio do fenômeno da recepção.

Nas Igrejas da Reforma, o funcionamento dos sínodos — decisórios —, compostos de metade ou dois terços de leigos, conforme a Igreja, é uma expressão dessa dimensão comunitária. O funcionamento dos sínodos diocesanos — consultivos — na Igreja católica, que comportam igualmente uma participação de leigos, é uma outra forma de expressão dessa mesma dimensão.

16. O regime presbiteriano-sinodal, amplamente adotado nas Igrejas da Reforma, é um sistema de direção da Igreja que comporta dois órgãos colegiados eleitos: um conselho que dirige as comunidades locais ("presbiteriano") e uma instância supraparoquial, regional ou nacional, que trata das questões que não poderiam ser abordadas somente no âmbito local ("sínodos" que trabalham segundo o modelo parlamentar). A composição desses órgãos é mista: metade ou dois terços de leigos, metade ou um terço de pastores ou diáconos. Esse sistema constitui então uma hierarquia de assembleias que poderíamos chamar de um episcopado colegiado. Certas Igrejas, em particular luteranas, combinam esse sistema com certa forma de ministério episcopal pessoal.

17. Cf. n. 113-132, a partir do Novo Testamento, e n. 133-162, no que concerne respectivamente à Igreja católica e às Igrejas oriundas da Reforma.

18. ARCIC, *Autorité dans l'Église I*, n. 6; *Rapport final*, Paris, Cerf, 1982, p. 63.

:: **345** ::   *A dimensão colegiada*: os ministros da Igreja, que são encarregados de assegurar a regulação da fé nas comunidades para mantê-las na plena fidelidade à verdade do Evangelho, exercem sua autoridade em um quadro de discussão colegiada, em particular por sínodos ou concílios. Essa discussão normalmente apela e faz referência à responsabilidade própria de teólogos que colocam sua competência a serviço da regulação da fé. Essa autoridade é sempre submetida à do Evangelho, atestada na Escritura. Ela é, paradoxalmente, uma autoridade que obedece à própria obediência da fé.

:: **346** ::   *A dimensão pessoal*: todo colegiado deve ser presidido, a fim de poder tomar uma decisão doutrinal, tirar conclusões a respeito de um problema apresentado e dar expressão à sua unanimidade. Esse dom profundamente humano se encontra atestado no Novo Testamento com o papel de presidência devolvido aos apóstolos, em particular a Pedro[19], quaisquer que sejam as consequências que as Igrejas possam ter tido disso. A autoridade da presidência pessoal representa, assume e recapitula em si a da comunidade e do colegiado ministerial. Atualmente, a articulação entre dimensão colegiada e dimensão pessoal é vivida de maneira diferente nas Igrejas da Reforma e na Igreja católica.

4. O funcionamento concreto dessas instâncias

:: **347** ::   Normalmente, deveria existir uma justa articulação entre essas três dimensões nas quais as instâncias institucionais devem funcionar. Uma circulação constante é necessária entre os três polos de autoridade. Constatamos que nem sempre é o que ocorre. Derrapagens são não apenas possíveis, mas existiram e ainda existem atualmente. Certas Igrejas tendem a privilegiar unilateralmente uma das dimensões em detrimento das outras. Voltaremos a esse assunto nas sugestões para a convergência das Igrejas.

:: **348** ::   Quando um novo problema se apresenta, é normal que a reflexão do corpo da Igreja atravesse um tempo de debate. Não há o que temer, mesmo que

---

19. Cf. *O ministério de comunhão na Igreja universal*, n. 126-128.

esta seja sempre uma situação delicada, se cada um dos fiéis tenta ser dócil ao Espírito Santo. O primeiro exemplo de um debate como esse nos é dado pela decisão de Jerusalém, em Atos 15, sobre a circuncisão. Quando o debate está suficientemente maduro, as instâncias colegiadas e pessoais podem então se expressar e decidir.

:: **349** :: O conflito é sempre possível na vida da Igreja, que permanece *sempre em reforma* (*semper reformanda*) e *sempre em renovação* (*semper renovanda*). O importante não é fazer de tudo para evitar as crises: tal esforço pode voltar-se contra sua própria intenção e conduzir a uma crise ainda mais grave. O importante é ter os meios para converter esse conflito em uma realidade dinâmica e positiva. Se os atores de uma crise pretendem se manter todos na obediência ao Evangelho, essa crise pode ser gerenciada de maneira saudável e construtiva. Os conflitos do passado — tanto os que resultaram em cismas como os que possibilitaram reconciliações — nos dão exemplos do que não é oportuno fazer e do que permite a construção da Igreja mesmo na dificuldade. A crise normalmente deve resultar em uma saída para a crise.

:: :: :: ::

:: **350** :: Sobressai dos parágrafos precedentes que as dificuldades maiores que ainda nos separam não provêm do reconhecimento dos diferentes polos de autoridade doutrinal — eles nos são comuns —, mas da concepção que cada Igreja tem deles e da interação concreta entre eles, pois nossas eclesiologias são construídas com base em lógicas diversas. O garante de uma posição doutrinal na Igreja católica é o magistério. Para as Igrejas da Reforma, o critério é uma mensagem de fé, a da justificação, com a ideia de que a verdade impor-se-á por si só na Igreja, prescindindo de uma garantia humana. O funcionamento dos sínodos não obedece à mesma lógica de uma parte e de outra.

II. Um diagnóstico das divergências que permanecem

:: **351** :: Uma vez que nossas divergências influem na compreensão, na prática e na interação dessas diversas referências da autoridade, podemos retomar o mesmo movimento que vai dos *textos* às *pessoas* e às *instâncias institucionais* como fio condutor, com a intenção de reparar o que nos separa atualmente no exercício da autoridade doutrinal.

Mas daqui em diante é conveniente constatar alguns dados básicos que afetam (1) nossas duas maneiras de compreender a Igreja e (2) nossas duas tradições de interpretação da autoridade, que estão ligadas a certa concepção do homem salvo. Esses dados levam a duas figuras concretas, (3) dando lugar, por vezes, a interpretações caricaturais na consciência coletiva. Um díptico, um pouco prolongado, permitirá situar com mais precisão o desafio de nossas divergências.

1. As divergências a respeito da Igreja

:: **352** :: A Igreja católica mantém a estrutura episcopal e, portanto, hierárquica que foi imposta na Igreja antiga pós-apostólica. Essa estrutura comporta um exercício constante de autoridade doutrinal, cujos principais responsáveis são os bispos em união com o papa — em certos casos, apenas o papa —, mas sempre em comunhão com a Igreja. A exemplo das Igrejas ortodoxas, a Igreja católica considera essa estrutura episcopal a única normal, pois é nesse quadro que ela compreende sua apostolicidade e sua catolicidade.

:: **353** :: A Igreja católica sempre reconheceu doutrinalmente o papel estrutural da sinodalidade e da colegialidade: ela reuniu ao longo da história antiga e moderna numerosos concílios e sínodos. Mas é verdade que valorizou sempre mais o papel pessoal da autoridade na pessoa do bispo, no âmbito da Igreja local, e na do papa, no da Igreja universal. A tendência centralizadora do segundo milênio resultou na figura concreta que é a atual.

:: **354** :: As Igrejas oriundas da Reforma contestaram o poder eclesial vigente na Igreja medieval. Os reformadores procuravam distinguir o que subsistia da "verdadeira" Igreja do Cristo, apesar dos desvios doutrinais e práticos. Seus critérios eram determinados pelo poder da Palavra de Deus que se realiza entre os fiéis, junto aos quais "o Evangelho é proclamado puramente e os santos sacramentos ministrados em conformidade com o Evangelho"[20], na "companhia dos fiéis que concordam em seguir a Palavra de Deus e a pura religião que dela depende"[21]. Esses critérios conferiam tanto à Igreja como ao ministro um papel de serviço, secundário em relação à eminência do Evangelho, e permitiam a cada Igreja particular toda liberdade de organizar suas instituições, seu funcionamento e suas opções litúrgicas. Não se planejavam a formação de uma nova eclesiologia e o estabelecimento de outra Igreja, e a organização concreta do movimento reformador foi ligada sobretudo a fatores históricos e contextuais. Assim, prevalecia o desejo das comunidades eclesiais locais e sua ligação estreita no seio de seus espaços regionais ou nacionais, em detrimento de uma reflexão — no entanto muito presente entre os reformadores — sobre a Igreja universal.

:: 355 :: Em virtude da contestação doutrinal do "poder" do papa e dos bispos e da ruptura na maioria das vezes efetuada entre as novas autoridades eclesiásticas e os bispos da Igreja católica, as Igrejas oriundas da Reforma — algumas das quais conservaram ou restabeleceram um episcopado — adotaram uma estrutura presbítero-sinodal, que coloca em posição de destaque a dimensão sinodal e colegiada da Igreja.

:: 356 :: A Reforma insistiu na tensão, constitutiva do ser da Igreja, entre a Igreja "invisível" (ou Igreja "perante Deus") e a Igreja "visível" (ou a Igreja "perante os homens"). A primeira expressão evoca a verdadeira Igreja de Jesus Cristo confessada no Credo, que permanece fundamentalmente para além das divisões humanas. Mas a segunda manifesta a realidade humana e institucional, com seus fardos, suas hierarquias, seus conflitos e suas divisões. Ora, a estruturação da autoridade doutrinal e do ministério e a organização institucional dependem deste aspecto e não se inscrevem no coração da Igreja invisível. Elas estão a serviço da Palavra de Deus, subordinadas (mas nunca secundárias!), e podem, por isso, compreender diversos desenvolvimentos segundo os lugares de vida e as épocas. Se o "fundamento" da Igreja em Jesus Cristo não pode ser questionado por nenhuma voz humana, as "formas" di-

---

20. Confissão de Augsburgo, art. VII.
21. Confissão de La Rochelle, art. XXVII.

versas que esta assume são não apenas legítimas mas desejáveis, pois manifestam a riqueza da expressão da fé cristã. Não se deve, porém, compreender essa distinção entre "fundamento" e "formas" como uma aceitação da divisão dos cristãos, pois tal divisão, na medida em que engendra antagonismos separadores, não provém da rica diversidade, mas da rejeição e da exclusão mútuas.

:: 357 :: A questão mais frequentemente apresentada à Igreja católica é, então, a seguinte: existe um único formato ou modelo de Igreja? O da estrutura hierárquica católica? Ou duas estruturas, episcopal-hierárquica e presbítero-sinodal, poderiam se reconciliar em plena comunhão? Quais são o erro (*defectus*) sacramental e a falta de comunhão e de unidade que afetam as Igrejas da Reforma em comparação à Igreja católica? E reciprocamente: quais são a falta de comunhão colegiada e o excesso institucional que afetam a Igreja católica em relação às Igrejas da Reforma? Até que ponto o debate é possível?

2. Divergências sobre a autoridade outorgada à pessoa do fiel

:: 358 :: A maneira pela qual a Igreja católica considera o homem salvo pela graça mediante a fé permite-lhe aceitar com segurança que a autoridade do Cristo seja verdadeiramente confiada a homens sempre pecadores e que estes possam, com o dom do Espírito Santo, exprimir em verdade o dom feito à Igreja de ser guardada na verdade da fé apostólica até o fim dos séculos.

:: 359 :: A Igreja católica compreende a autoridade doutrinal como um dos três "poderes"[22] que lhe foram confiados, o de anunciar em verdade o Evangelho a todas as criaturas. Esse anúncio comporta, como um corolário necessário, sua própria regulação, a fim de que a autenticidade da fé apostólica seja sempre "guardada" como o bom depósito. Tal é a função do "magistério", que garante ao mesmo tempo o anúncio da fé e sua regulação em uma sequência de textos e documentos, dos quais os primeiros em data e em autoridade são

---

22. Os três poderes, ou três funções, são os do ensinamento (doutrina), da santificação (sacramentos) e do governo (jurisdição).

os Símbolos de fé. A eles se demandam propor e interpretar a mensagem apostólica em função de crises e contestações encontradas.

:: **360** :: A autoridade doutrinal da Igreja se compromete de maneira diferenciada e proporcional a cada caso. Certos documentos particulares podem tornar-se obsoletos com rapidez. A formulação mantida deve, portanto, ser compreendida com referência à intenção precisa de cada um dos concílios e dos papas. Ao simplificar a hierarquia complexa de diversos documentos, pode-se dizer de maneira geral que os documentos de *alcance universal* são considerados comprometidos com uma autoridade tanto *indefectível* quanto *infalível*.

:: **361** :: Dizer que um documento é promulgado de maneira *indefectível* é afirmar que, ao produzi-lo, a Igreja católica não está sendo infiel ao Evangelho e à missão de salvação. Nesse sentido, ela não "errou", pois acreditou que, em dada época, aquele ensinamento era necessário para o serviço da fé e da comunhão eclesial. Essa indefectibilidade não significa de forma nenhuma que o conteúdo professado no documento seja irreformável. São muitos os casos de ensinamentos ou de decretos de alcance universal que caíram em desuso[23] em relação à doutrina viva da fé, ou mesmo que foram revogados para dar lugar a outras decisões.

:: **362** :: Diz-se que um documento é proclamado de maneira infalível quando a instância que o promulga — apenas o concílio ecumênico ou o papa falando *ex cathedra* (quer dizer, *da cadeira de São Pedro*) — manifesta, sem nenhuma dúvida possível, sua intenção de dar-lhe um caráter *irreformável*. Trata-se então de uma definição dogmática. A irreversibilidade não se refere à formulação em si, que pode ser aprimorada sempre, mas ao ponto de vista fundamental da afirmação. Ela exprime uma orientação, sempre aperfeiçoável, que se situa entre dois braços de um compasso suficientemente aberto, ao passo que exclui as posições que se encontram fora desse perímetro.

---

23. É neste sentido que se deve compreender o 22° *Dictatus papae* de Gregório VII, citado acima, n° 100, que afirma que "a Igreja romana nunca errou e, segundo o testemunho da Escritura, não errará jamais". Deve-se ressaltar que esses *Dictatus papae* não estão mais incluídos na coleção de Denzinger (cf. nota seguinte).

:: **363** ::   Ao longo da história, o desenvolvimento de diversas definições dogmáticas construiu uma "doutrina da fé". Seu efeito acumulativo produziu um *corpus* de textos doutrinais cuja autoridade se apresenta de acordo com a formalidade jurídica[24]. Enfatiza-se a continuidade, ou seja, o desenvolvimento homogêneo — e não a evolução — da doutrina no decorrer dos séculos. Os documentos julgados definitivos no passado são sempre assumidos pelos novos textos, mesmo que tenham de ser melhorados, completados e até corrigidos.

:: **364** ::   Bem entendido, esses documentos encontram-se todos submetidos à lei não escrita da recepção, com suas vicissitudes e surpresas. É a recepção que faz que o documento passe de sua condição de autoridade formal à de referência concreta, pois os textos são sempre mantidos na consciência viva da Igreja que anuncia e transmite sua própria fé. Certo documento de um concílio regional poderá ser recebido de maneira universal[25] e ver-se, assim, revestido de uma grande autoridade. Determinada decisão de um concílio ecumênico poderá cair no esquecimento[26].

:: **365** ::   A maneira como as Igrejas oriundas da Reforma consideram o homem salvo pela graça mediante a fé induz a certa reserva no que se refere a toda autoridade humanamente exercida na Igreja. Essas Igrejas fazem um apelo espontâneo ao Cristo, ao Evangelho e à autoridade soberana das Escrituras para além do exercício concreto da autoridade pelas instâncias estabelecidas. Elas veem sempre no detentor da autoridade o homem justificado que permanece pecador. A afirmação de que o fiel é certa e completamente agraciado por

---

24. A obra intitulada por H. Denzinger, em 1854, *Enchiridion Symbolorum, definitionum et declarationum de rebus fidei et morum*, cuja última e 38ª edição, bilingue, se intitula *Symboles et definitions de la foi catholique*, Paris, Cerf, 1996, reúne os documentos magisteriais da Igreja católica desde os primeiros símbolos de fé até as declarações recentes. Mas, ainda que os textos sejam oficiais, sua reunião permanece sendo obra de teólogos independentes. De edição para edição, a obra dá margem a um bom número de críticas: alguns documentos são suprimidos, outros acrescentados.

25. Por exemplo, os cânones do Concílio de Orange, de 529, sobre a graça.

26. Por exemplo, a condenação dos Três capítulos pelo concílio de Constantinopla II, em 553, dirigida contra Teodoro de Mopsuéstia, Ibas de Edessa e Teodoreto de Ciro, cuja doutrina era julgada muito "nestoriana". Cf. acima nºs 69-75.

Deus, mas mantém-se inteiramente sob influência do "velho homem" em sua vida, vale também para a Igreja: plenamente agraciada em Cristo, e portanto inerrante e infalível em sua proclamação do Evangelho, ela é também realmente pecadora (e não somente pelo pecado de seus membros) em sua realidade humana, sua organização e suas instituições de decisão. Se então as Igrejas da Reforma confiam plenamente no parceiro divino da Aliança, acreditam que seu parceiro humano recebe esse dom de maneira sempre frágil e precária.

:: **366** ::   Os reformadores protestantes, como vimos na parte histórica, propõem uma concepção de autoridade doutrinal muito diferente daquela da Igreja católica, que repousa sobre quatro referências principais, articuladas sobre a relação entre o interior e o exterior[27]. Entre esses dois lugares atua uma "dialética de regulação permanente" e recíproca. A comunidade corrige o risco de derrapagem individualista; o fiel está aí para impedir a autoridade da Igreja de "amordaçar o Santo-Espírito". Vimos anteriormente como esse equilíbrio dinâmico pode dar à liberdade da consciência a preeminência magisterial sobre toda instância comunitária e ameaçar gravemente a unidade doutrinal das Igrejas protestantes.

:: **367** ::   Como a Escritura e as confissões de fé sempre tiveram a necessidade de ser atualizadas na história, a tradição protestante confia a autoridade reguladora do conteúdo da fé aos doutores das faculdades de teologia herdadas da Idade Média. Por sua vez, os "sínodos" assumem a outra tarefa da autoridade, a da instância comunitária de verificação, de decisão e de aplicação. Entre essas duas instâncias permanece certa tensão, fonte de colaborações mas também de conflitos.

:: **368** ::   Aí onde a concepção católica se apresenta de maneira contínua e até linear, a concepção protestante inscreve no coração da autoridade doutrinal a dialética primeira da ambivalência "total" de contrários, segundo o princípio do *ao mesmo tempo justo e pecador* (*simul justus et peccator*). Essa perspectiva vale igualmente na relação de autoridade e verdade: inerrância e infalibilidade,

---

27. Cf. acima n°s 127 s. No plano interior, a autoridade soberana das Escrituras (primeira referência), confiada ao testemunho interior do Espírito Santo na consciência do fiel (segunda referência). No plano exterior (ou "visível"), o testemunho público da Igreja, como "pessoa comunitária dos fiéis" (terceira referência) e as confissões de fé (quarta referência) normativas, mas sempre sujeitas a revisão ou a redefinição.

santidade e pureza, mas também contingência e relatividade histórica, pecabilidade e falibilidade, infidelidade e falta de fé caracterizam igualmente o exercício da autoridade doutrinal. À continuidade linear a concepção protestante justapõe a ruptura, em prol de uma Igreja *sempre em reforma* (*semper reformanda*) pelo poder do Evangelho que permanece seu mestre.

3. Duas imagens divergentes e simplificadoras da Igreja

:: **369** ::   Não surpreende que concepções assim diferentes da Igreja e de sua autoridade doutrinal contribuam para dar uma imagem concreta bem diversificada, que se exprime em um bom número de "clichês" popularizados que não carecem de fundamento mas podem chegar ao limite da caricatura. Reunir aqui essas imagens contrastantes poderá ajudar a reconhecer os riscos de deriva doutrinal que afetam uns e outros e a vislumbrar para o futuro os pontos de conversão necessários.

:: **370** ::   De forma nenhuma acreditamos que a imagem da Igreja católica se reduza a essas maneiras de vê-la, mas reconhecemos que ela aparece frequentemente como uma grande pirâmide hierárquica na qual o povo — os "leigos" — tem no final pouco espaço. Ela é percebida antes de tudo como um corpo clerical no qual os bispos e sobretudo o papa mantêm um semimonopólio da palavra. É assim que pudemos falar correntemente da "Igreja professora" e da "Igreja aprendiz", expressões e concepção que procuramos em vão na Escritura. Sua instituição é muitas vezes sacralizada até as mínimas manifestações. Os sinais de respeito devidos a cada representante da hierarquia podem atingir o culto à personalidade. Mas essa imagem clássica e monolítica sofre fissuras atualmente, em razão da influência do Concílio Vaticano II e da reflexão dos católicos de espírito mais crítico a respeito de sua Igreja.

:: **371** ::   Na expressão de sua doutrina, a Igreja católica aparece também como uma instância que intervém constantemente e com autoridade em inúmeros assuntos, em particular no domínio da ética, em que o debate se reduz ao mínimo. Ela é percebida como um corpo no qual os teólogos são atentamente vigiados, em que tudo se decide de cima para baixo pela autoridade hierárquica ou pela palavra oficial imposta. A liberdade da consciência é reconhecida, mas constitui apenas uma referência secundária e condicional. Pensamos seriamente que o católico crê no que o magistério lhe manda crer, segundo as formas que este dá à expressão da fé.

:: **372** :: As Igrejas oriundas da Reforma aparecem como pequenas entidades regionais cuja autonomia resulta em certa divisão doutrinal. A instituição é reduzida ao mínimo e os sínodos funcionam segundo o modelo democrático da decisão majoritária, o que resulta por vezes em capitulações surpreendentes. O grande espaço dado à consciência individual dá a ideia de que essa é a única instância que une os protestantes. Aparentemente, a autoridade doutrinal não constitui para eles um ponto de chegada definitivo em sua ordem. A liberdade de expressão no que respeita à fé causa um clima de confusão e não parece bastante equilibrada pelo senso comunitário de responsabilidades. As Igrejas da Reforma manifestam uma falta de abertura, de interesse e de sensibilidade pela Igreja universal. Um dos principais problemas dessa eclesiologia é a articulação entre as Igrejas locais e a Igreja universal, bem como a articulação entre a consciência individual e o consenso eclesial.

:: **373** :: No domínio doutrinal, a instância última que promove a adesão dos cristãos protestantes à fé é a Palavra de Deus reconhecida pela consciência. Na prática, alguns podem ser levados a dizer: "Eu creio no que diz o Evangelho e no que o Espírito me permite compreender" ou, mais simplesmente, "Eu creio no que me dita minha consciência". Sem dúvida muitos dirão: "Eu creio no que posso em uma comunidade solidária" ou ainda "Eu creio no que creio, quer dizer, eu sei em quem acreditei". Essa figura de fé parece aos outros cristãos exageradamente individualista e pouco compatível com as exigências de uma comunhão universal na mesma fé.

4. Uma consideração diferente dos textos

:: **374** :: Católicos e protestantes não têm a mesma atitude fundamental em relação aos textos. Essa diferença começa já com a própria Escritura. Ambos reconhecem sua "inerrância", ou seja, que ela diz a verdade sobre a salvação do homem, mas com nuanças importantes e, por vezes, conflituosas para os próprios protestantes entre fundamentalismo e liberalismo. Católicos e protestantes não dão a mesma resposta à questão "Sobre tal ponto, em que a Escritura me obriga?". O apelo à Escritura em sua generalidade pode tornar-se um *slogan*, no momento em que alguma de suas palavras nos restrinja a juízos culturais.

:: 375 ::   A atitude no que diz respeito à exegese bíblica é cada vez mais próxima entre estudiosos católicos e protestantes. Trocas e colaborações são atualmente estreitas e frutíferas; uns e outros reconhecem mutuamente a seriedade científica de seus resultados.

Porém, a atitude doutrinal em relação à autoridade do texto bíblico continua marcada por uma grande diferença. O protestante sente-se guiado pela doutrina fundamental da justificação pela fé, ou por vezes ainda pelas exigências de sua consciência pessoal perante a Palavra de Deus, e se preocupa menos com doutrinas teológicas ou decisões oficiais. O católico será mais inclinado a conciliar a verdade revelada pela pesquisa contemporânea em ciências humanas e em exegese com a verdade da fé tal como se expressa no ensinamento tradicional da Igreja. A maneira de considerar a autoridade da Palavra de Deus, transmitida pela autoridade da Igreja, na diversidade e na contingência redacional das palavras humanas não é a mesma.

:: 376 ::   A autoridade dos *Símbolos de fé* não funciona igualmente em uma e outra parte. Esta é uma referência absoluta e de conteúdo irreformável do lado católico, em razão de sua autoridade apostólica original; ela permanece uma autoridade mais relativa ou discreta do lado protestante. A diferença, pouco sensível no que concerne a confissões antigas, aumenta no século XVI. Do lado católico, nova confissões de fé constituem explicações complementares de confissões antigas. Ainda que para as Igrejas luteranas os escritos simbólicos do século XVI tenham permanecido inalterados e mantenham sua normatividade teológica, não são mais necessariamente referências conhecidas pelas comunidades. Algumas Igrejas protestantes desenvolveram outras "declarações de fé" no século XX, mas esses textos não têm o mesmo grau de autoridade que as confissões antigas, e seu valor contextual é limitado, em virtude das situações críticas que lhes deram origem.

:: **377** :: Se a exegese bíblica tem feito progressos consideráveis em sua maneira consensual de compreender o ato de interpretação[28] de um texto, o mesmo não ocorre quanto à exegese de *documentos eclesiais, conciliares ou simbólicos*. Essa disciplina enfrenta ainda um sensível atraso, mesmo que o tema tenha já sido objeto de estudos importantes e frutíferos. Para as Igrejas da Reforma, coloca-se aqui uma questão decisiva: como e onde se manifestam os desenvolvimentos atuais da tradição reformadora? Quais textos atualmente expressam autoridade e de que forma[29]? Em outras palavras: qual é a identidade confessional dos herdeiros da Reforma hoje em dia? Sobre isso, duas tentações nos espreitam a todos: o relativismo e o literalismo.

:: **378** :: O relativismo é uma tentação mais especificamente protestante. Ele ressalta o lado limitado, cultural, histórico e amplamente obsoleto de documentos antigos. Ele concede pouca autoridade aos documentos contemporâneos, considerados eminentemente passíveis de revisão. Essa tentação pode também penetrar alguns meios católicos.

:: **379** :: O literalismo em relação aos textos magisteriais é uma tentação mais especificamente católica. O desejo de sempre respeitar a afirmação irreformável da fé conduziu a interpretações maximalistas de alguns documentos, como os de Trento e do Vaticano I, e com o risco de transportar o domínio do indefectível para o do infalível. O literalismo incita outras tendências de opinião católicas a considerar os documentos pontificais um arsenal de provas apodícticas (*dicta probantia*) atemporais e de igual autoridade, que podem ser brandidos para defender causas discutíveis.

:: **380** :: Curiosamente, em vista das teses acima apresentadas, a autoridade dos documentos simbólicos do século XVI — em particular na tradição luterana — pode também dar espaço a leituras literalistas que enxergam espontaneamente em toda reformulação, em todo esforço de reconciliação doutrinal um inaceitável abandono do vigor do pensamento reformador. Um exemplo

---

28. Hermenêutica, em termos científicos.

29. Como exemplo pode-se pensar na *Declaração de fé* da Igreja reformada da França, datada de 1938, proclamada solenemente no inicio de cada assembleia sinodal.

recente foi dado por algumas reações negativas que precederam o acordo luterano-católico sobre a justificação pela fé.

5. Uma consideração diferente de comunidades e pessoas

:: **381** :: Católicos e protestantes reconhecem bem a autoridade da consciência e a do povo cristão considerado em seu conjunto. Mas constata-se uma hipertrofia do apelo à consciência individual entre os protestantes, em detrimento da possível regulação efetuada pela referência ao corpo global de fiéis cristãos, ao passo que os católicos encaram preferencialmente a autoridade do povo de Deus, cuja unanimidade é reconhecida como expressão infalível da fé. É a doutrina já mencionada anteriormente do *senso dos fiéis* (*sensus fidelium*) ou do *senso da fé* (*sensus fidei*) de todos os fiéis.

:: **382** :: Assim, a autonomia do sujeito fiel e a relação da consciência pessoal com a autoridade não são as mesmas de um lado e de outro. Do lado católico, o direito da consciência continua afirmado com vigor. Ele é de certa maneira compreendido como absoluto, pois uma vontade que se separa de sua consciência é sempre má. Tomás de Aquino chega a dizer que crer em Cristo, que é um bem em si, tornar-se-ia um mal se a razão o propusesse à consciência como um mal[30]. O direito à liberdade religiosa proíbe toda restrição em relação a uma consciência errada, mesmo invencível. Convertido ao catolicismo, Newman não hesitará em dizer após a definição da infalibilidade pontifical e em outro tom: "Se após um jantar eu fosse obrigado a erguer um brinde religioso — o que evidentemente não se faz —, eu beberia à saúde do papa, creiam-me, mas primeiro à consciência, e em seguida ao papa"[31].

Porém, uma consciência errada não é boa. O direito à consciência, para ser exercido legitimamente, obriga cada um à responsabilidade de procurar a verdade

---

30. Tomás de Aquino, *Suma teológica*, Ia IIae, q. 19, a. 5, *in corpore*.
31. *Letre au duc de Norfolk* (1874), cap. V, Textes newmaniens, t. VII, Paris, DDB, 1970, p. 253.

e se informar da melhor forma. No caso de uma oposição aos que são depositários da autoridade doutrinal na Igreja, o ônus da prova cabe à consciência.

:: **383** ::   Se por um lado a Igreja católica proclama sem ambiguidade a autoridade do *senso dos fiéis* (*sensus fidelium*), por outro lado ela continua reticente em sua maneira de interrogá-lo e levá-lo em consideração. Segundo a lógica institucional, é através do bispo, atento à fé de seu povo, que as coisas devem partir da base em direção à autoridade universal. Mas o movimento que vai da autoridade dos textos, do papa e dos bispos em direção aos fiéis tem primazia, de fato, sobre aquele que parte da autoridade dos fiéis em direção aos textos e aos ministros responsáveis. Do lado protestante, ao contrário, onde a instituição sinodal está mais próxima das Igrejas locais, a referência ao consenso da Igreja pode tornar-se tributária da opinião dominante no momento. Neste caso, uma decisão sinodal tomada por uma maioria relativa ou pela metade das vozes mais uma só poderá se prevalecer de uma representatividade relativa, geradora de dissensões e até de novas separações, mais que da unidade consensual reencontrada.

:: **384** ::   Quem é o doutor da fé? Quem assume o papel de vigilância para discernir o que está em conformidade com o Evangelho? A resposta aqui é também diferente. Do lado católico, o exercício do magistério da fé é reservado ao papa e aos bispos. Os teólogos têm naturalmente um papel relevante na Igreja e são levados a prestar serviços indispensáveis ao exercício desse magistério, especialmente no caso dos concílios. Eles são alvo de consultas regulares. No entanto, eles não têm a autoridade doutrinal que lhes era reconhecida na Idade Média, no quadro das faculdades de teologia[32]. Eles não têm voz deliberativa e exercem seu serviço sob a autoridade do magistério.

:: **385** ::   Do lado protestante, os teólogos constituem um dos polos da autoridade doutrinal. A Reforma sempre reconheceu uma grande autoridade aos doutores das faculdades de teologia para expressar o conteúdo da fé. A autoridade dos sínodos, no caso de leigos e pastores, funciona como uma regulação comunitária do pensamento dos teólogos.

---

32. Cf. acima nº 102.

:: **386** :: A respeito do ministério episcopal, o Grupo dos Dombes continua solidário às propostas e posições assumidas em seu documento de 1976[33]. Lá, o grupo expõe o fundamento do *epíscopo* no Novo Testamento e mostra que esse *epíscopo* ultrapassa o ministério do *epíscopo*[34*]. Porém, esse ministério tomou como figura dominante a do ministério pessoal do epíscopo, no momento da transição entre a Igreja apostólica e a Igreja pós-apostólica[35]. O documento afirma que "o *epíscopo* associa a colegialidade à presidência personalizada" (n. 31) e a situa na estrutura da Igreja[36].

Apesar disso, nosso Grupo está consciente do fato de que suas posições atuais não constituem um acordo universalmente aceito entre as Igrejas e que divergências sobre o tema do fundamento e da normatividade do episcopado são numerosas. No contexto de uma reflexão sobre a autoridade doutrinal na Igreja, a questão do ministério episcopal, colegiado ou personalizado, encontra-se sempre em debate, como em uma encruzilhada.

:: **387** :: Do lado católico, a doutrina da infalibilidade pontifical, em determinados casos e sob certas condições, foi definida pelo Concílio Vaticano I. O papa está, portanto, habilitado a exprimir a infalibilidade de toda a Igreja. Essa doutrina é considerada irreformável em seu aspecto fundamental, mas também aperfeiçoável em sua significação e sua expressão. Essa infalibilidade concerne apenas ao campo das afirmações doutrinais, e não ao da vida dos papas[37] nem da Igreja, como atestam oficialmente os recentes atos de arrependimento de João Paulo II, seja em Roma, seja em Jerusalém, seja na Europa oriental.

---

33. Cf. *O ministério episcopal*; cf. *Pour la communion des Églises*, p. 81-114.

34*. Cf. nota 6 do capítulo 3. (N. da T.)

35. Cf. ibid., n. 23: "No momento em que o Novo Testamento inicia o ministério do *epíscopo*, os escritos apostólicos não são mais definidos como Escritura, como o *episcopo* não o é como ministério. No entanto, foram as Igrejas presididas por epíscopos que receberam pouco a pouco o cânon das Escrituras. Dizer isso é reconhecer que as Igrejas que se referem definitivamente à Escritura consideram que esta fundou o ministério de seus epíscopos".

36. Cf. ibid., n. 31: "ser fiel à intenção do Cristo consiste em respeitar essa estrutura sem procurar extrair do Novo Testamento um modelo de organização único e normativo".

37. Mais ainda, o termo alemão *unfehlbar* remete mais a uma ideia de impecabilidade que à de infalibilidade, pois *fehlen* significa faltar, cometer um erro, pecar.

:: **388** ::   Do lado protestante, essa doutrina da infalibilidade pontifical traz mais de uma dificuldade. O próprio conceito parece ambíguo, pois no vocabulário corrente a ideia de *infalibilidade* é associada à de impecabilidade. O homem *falível* é o que pode *falhar*, estar em *falta* e também *pecar*. Ora, não parece que os papas tenham sido, ao longo da história, homens "impecáveis". Por outro lado, se se admite a ideia fundamental da infalibilidade da Igreja, a ideia de fazê-la repousar sobre os ombros de um único homem não parece justificável.

É cada vez mais condenável destacar a ideia de infalibilidade de um vocabulário jurídico, latino e abstrato, afastado demais do vocabulário da Escritura, no qual o tema da Aliança prevalece. É o parceiro divino que mantém sua promessa, é a fidelidade que, ao longo de toda uma história relacional, guarda a Igreja na fidelidade. Enfim, o exercício da autoridade do papa na história conduziu a Igreja católica a acrescentar novas explicações[38] à fé cristã, para além das atestações da Escritura.

6. Um funcionamento diferente das instâncias

:: **389** ::   Na tripla dimensão do exercício do ministério da Igreja — comunitária, colegiada e pessoal[39] —, é evidente que a Igreja católica historicamente privilegiou a dimensão pessoal em detrimento das outras duas. Ela vive em um dinamismo quase milenar que levou a uma centralização cada vez maior, em particular no campo da autoridade doutrinal. Há aí um desequilíbrio real, mesmo que este se expresse mais na prática do que na doutrina.

:: **390** ::   Não é menos evidente que as Igrejas oriundas da Reforma privilegiam as dimensões comunitária e colegiada — algumas delas congregacionalistas —, com o intuito mesmo de reter apenas a dimensão comunitária. Dado o papel reconhecido ao ministério episcopal na Igreja católica e nas outras

---

38. Por exemplo, os dogmas marianos.

39. Cf. *O ministério de comunhão na Igreja universal*, n. 133-162; cf. *Pour la communion des Églises*, p. 210-221.

Igrejas, em particular ortodoxas e anglicanas, esse desequilíbrio assume também um papel doutrinal.

:: 391 ::   Segue-se que a atividade dos sínodos é muito diferente de um lado e de outro. Do lado católico, o papel dos sínodos — quer se trate do sínodo trienal dos bispos em Roma, dos sínodos continentais ou dos sínodos diocesanos — é estritamente enquadrado. Todos os sínodos não se reúnem de maneira regular. Sua convocação e sua composição são sempre fruto da iniciativa do bispo ou do papa. Eles não têm normalmente voz deliberativa, mas apenas voz consultiva. Eles deixam àqueles que os convocaram a liberdade de aceitar ou não suas recomendações.

:: 392 ::   Do lado protestante, os sínodos são a via normal do exercício da autoridade doutrinal. Eles se reúnem regularmente e têm voz plenamente deliberativa. Também as decisões por eles tomadas referem-se apenas às Igrejas que os reuniram, o que torna extremamente difícil uma decisão supranacional. Além disso, os compromissos assumidos podem ser questionados por um sínodo seguinte, o que torna difícil qualquer decisão durável. É necessário mencionar também o desafio considerável que é a representatividade das pessoas delegadas aos sínodos. Seu mandato é em geral de curta duração, o que pode ser prejudicial à sua formação e à consciência da amplitude das decisões a ser tomadas.

:: 393 ::   Do lado protestante, os sínodos funcionam segundo o princípio democrático da maioria, em alguns casos qualificada. Esse princípio é suficientemente crítico? O Espírito Santo estaria sempre do lado da maioria imediata? A história da Igreja responde decididamente que não. Do lado católico, segundo a tradição da Igreja antiga, muito respeitada pelas Igrejas ortodoxas, normalmente procura-se obter nas assembleias uma unanimidade ao menos moral. Mas o risco é então de se ater a compromissos superficiais. O Espírito Santo estaria sempre do lado de uma unanimidade que poderia tornar-se artificial?

:: 394 ::   A Igreja católica reúne também concílios gerais e ecumênicos. Estes concílios têm voz plenamente deliberativa, mas permanecem sob a autoridade do papa, que é o único que pode convocá-los legitimamente, e têm necessidade de sua confirmação para que seus decretos sejam aplicados na Igreja.

Em razão da ênfase na Igreja local, as Igrejas da Reforma não conferiram uma autoridade normativa a um concílio geral desde a Dieta de Augsburgo (1530), ainda que se encontrem regularmente em organismos confessionais mundiais (Comunhão Anglicana, Federação Luterana Mundial, Aliança Reformada Mundial, por exemplo), para aí debater suas futuras orientações. Elas não conferem uma autoridade doutrinal ou eclesial a nenhum dos organismos das famílias confessionais, e os plenos poderes permanecem sempre nos sínodos das Igrejas. Sua concepção, regional ou nacional, de um concílio tampouco coincide com a da teologia católica. Todo o peso de seu pensamento caminha no sentido de uma superioridade da assembleia sobre seu presidente.

:: :: :: ::

:: **395** :: Esse acúmulo de divergências pode parecer desencorajador: elas referem-se à própria concepção da Igreja e das capacidades do homem salvo, expressam-se a propósito de todos os espaços e de todas as formas de autoridade que nos são comuns. Mesmo que as diferenças analisadas não sejam separadoras, ocorre que elas ainda fundamentam de maneira antinômica nossos diálogos e são para eles um freio. Nós não quisemos evitar essas questões e preferimos, uns e outros, enfrentar o desafio da separação ainda existente.

:: **396** :: Seria necessário ir até o fim desta exposição de nossas diferenças e divergências, pois o diálogo ecumênico só pode ser construído se apoiado numa situação honesta e lúcida. Mas então, dir-se-á, se as coisas são assim, qual é a esperança de uma reconciliação entre protestantes e católicos nesse problema crucial, pois rege todos os outros, da autoridade doutrinal na Igreja? O radicalismo das divergências permite que haja alguma esperança de ultrapassá-las? Devemos concluir que há dois dados eclesiais da história incompatíveis e irreconciliáveis? Ora, nossa convicção ecumênica nos impele a manter a esperança de que este muro não seja intransponível. Restam ainda inúmeros pontos em que podemos transpô-lo, dos quais queremos fazer um inventário.

III. Propostas para superação dessas dificuldades

:: **397** :: Católicos e protestantes dialogam há cerca de quatro decênios e assinaram um bom número de textos de acordos sobre a doutrina da fé[40]. A maioria deles são, sem dúvida, os acordos de comissões, e poucos deles foram ratificados como tais pelas autoridades da Igreja. Mas há aí uma situação de fato promissora, pois significa que as Igrejas são capazes de confiar umas nas outras no campo doutrinal e de assinar juntas textos que acreditam ter, para sua parceira, o mesmo valor e a mesma importância — talvez a mesma autoridade — que elas próprias lhes creditam. O que poderia parecer impossível em virtude das respectivas posições teóricas das diferentes Igrejas foi possibilitado pela vontade de se ouvir e se reconhecer.

:: **398** :: A situação atual de separação pode ser suplantada por um duplo esforço de conversão, que deve ser realizado por cada Igreja sobre ela mesma, de um lado, e em relação à outra Igreja, de outro lado. Este esforço de conversão comporta, por sua vez, um duplo campo de ação, o de um alargamento da convergência doutrinal já existente, ao mesmo tempo em que o dos comportamentos práticos e do funcionamento da autoridade. Nós abordamos agora e queremos tratar em uma palavra *comum* o esforço necessário para transformar, na medida do possível, as divergências e oposições, hoje separadoras, em diferenças complementares.
No quinto capítulo deste documento faremos propostas que se endereçarão sucessivamente à Igreja católica e às Igrejas da Reforma, e que terão, ao mesmo tempo, uma dimensão doutrinal e uma dimensão prática.

:: **399** :: As divergências não devem nos fazer esquecer os pontos substanciais de acordo destacados na primeira parte deste capítulo, em particular a tripla di-

---

40. A lista já é tão longa, quer se trate de textos internacionais, nacionais ou regionais, bilaterais ou multilaterais, oficiais ou oficiosos, que é impossível apresentá-la aqui. Na lógica de nossa pesquisa, pensamos em todos dos quais católicos e protestantes são parte integrante, mas existem também inúmeros textos bilaterais, luterano-reformados e luterano-anglicanos, bem como trilaterais, luterano-reformado-anglicanos e outros. Remetemos à coleção editada por A Birmelé e J. Terme, *Accords et dialogues oecuméniques, bilatéraux, muiltilatéraux, français, européens, internationaux*, Paris, Les Bergers et les Mages, 1995. Essa edição apresenta-se na forma de fichas reunidas em um arquivo que pode ser constantemente atualizado.

mensão comunitária, colegiada e pessoal do exercício da autoridade. Elas devem também ser confrontadas com as convergências do testemunho do Novo testamento que relacionamos e que constituem, para nós, uma referência normativa.

:: **400** :: Não devemos confundir a autoridade doutrinal e sua forma necessariamente institucional com a figura concreta de seu exercício em determinado momento. Devemos distinguir o que é inerente ao ser da Igreja e os diversos funcionamentos concretos, fruto de evoluções históricas relativas e reformáveis, no sentido mesmo de que a Igreja está *sempre em reforma* (*semper reformanda*). Constata-se de uma parte e de outras clivagens e distorções entre a doutrina professada e as práticas, talvez por falha do lado protestante, talvez por excesso ou excrescência do lado católico.

1. Por uma reconciliação sobre a Igreja e os efeitos da salvação

:: **401** :: Abordaremos aqui rapidamente pontos cuja extensão ultrapassa em muito a própria intenção deste documento. Mas devemos assinalá-los na medida em que condicionam as chances de uma reconciliação sobre o exercício da autoridade doutrinal da Igreja.

:: **402** :: Nossa compreensão do mistério da Igreja não está ainda completamente reconciliada, em particular no que se refere à relação do visível com o invisível, do interior com o exterior. Em que sentido o dom gratuito de Deus pelo Cristo e no Espírito Santo é confiado a pessoas humanas, recebido e comunicado através de seu ministério? O desafio é o da parte de liberdade concedida à Igreja: até onde ela pode ir nos desenvolvimentos interpretativos que associa à Escritura (doutrina, dogmas etc.) e que parte da autoridade ela pode se permitir lhes conferir? Até que ponto reconhecemos a assistência do Espírito de Deus às pessoas e às instituições que assumem a autoridade doutrinal na Igreja? Nosso acordo deve ainda progredir consideravelmente sobre esses desafios fundamentais.

:: **403** :: Em que condições podemos reconhecer que a única Igreja de Jesus Cristo subsiste em uma Igreja visivelmente institucionalizada? O debate deve também ser buscado a respeito de critérios que permitam a cada Igreja reconhecer a Igreja única de Jesus Cristo em outras além dela. Temos primeiro de verificar se podemos partilhar a afirmação de que as Igrejas fundadas em Cristo podem existir em "formas", "organizações e "tipos" diferentes. E, em seguida, se for o caso, precisamos questionar em que medida as instâncias da autoridade doutrinal e sua estruturação são decisivas para o mistério da Igreja ou se elas são apenas meios práticos para expressar a realidade da Igreja visível. A maneira católica de conceber o magistério pode fazer parte das verdades de fé?

:: **404** :: O respeito às dimensões comunitária, colegiada e pessoal da Igreja não deveria permitir uma reconciliação sobre a estrutura episcopal da Igreja?[41] A história mostra que essa estrutura funcionou de maneira muito variável conforme os tempos. Ela é compatível com formas de organização diferentes. Ela poderia atuar mediante funcionamentos diversos entre as Igrejas que se dividiram no século XVI e respeitar as instâncias das respectivas tradições. Os diálogos sobre "Igreja e justificação" vão nesse sentido.

:: **405** :: Os documentos de acordos já realizados sobre a justificação pela fé deveriam permitir que se constatassem algumas consequências sobre o exercício de uma autoridade doutrinal na Igreja. Se seu funcionamento institucional é sempre ambivalente, ao mesmo tempo justo e pecador (*simul justus et peccator*), não podemos, todavia, reconhecer juntos que um enunciado pode ser simplesmente verdadeiro do ponto de vista da fé, ou seja, constituir uma referência certa, reconhecida por ambas as partes, mesmo que seja sempre aperfeiçoável e orientado para uma compreensão mais rica e mais completa do anúncio do Evangelho?

2. Por uma reconciliação a respeito dos textos

:: **406** :: Para os textos dos quais reconhecemos juntos a autoridade — em primeiro lugar a Escritura, em seguida as confissões de fé e os documentos

---

41. Cf. sempre: *O ministério de comunhão na Igreja universal*, e Foi et Constituition, in *Baptême, Eucharistie, Ministère (BEM)*.

conciliares da Igreja antiga —, temos ainda de elaborar os princípios de uma interpretação doutrinal comum. Não se trata aqui de exegese científica mas, com a ajuda desta, de um discernimento do que nos une na fé. Como se vive a relação de autoridade que os fiéis mantêm com esses textos?

:: **407** :: A recepção do cânon das Escrituras é um ato de confissão por parte das Igrejas, análogo à confissão de fé. A divisão do século XVI, a esse respeito, não teria perdido sua pertinência na situação ao mesmo tempo exegética, histórica e doutrinal atual? Não seria possível um acordo que reunisse todos os cristãos, no respeito às distinções proto e deuterocanônicas[42], na linha do que foi realizado na *Tradução ecumênica da Bíblia* (*TEB*)?

:: **408** :: Para os documentos posteriores à separação do século XVI (confissões de fé, textos conciliares e simbólicos), temos de fazer um esforço de discernimento entre o que, nestes documentos, é imprescritível do ponto de vista da fé e das expressões históricas, culturais e polêmicas que foram resultado de uma situação conflituosa. Devemos nos perguntar em que e até que ponto esses documentos nos unem atualmente[43]. Qual é a parte contextual — portanto passível de ser reformulada ou reformada — e qual é o espírito a ser mantido? Não podemos ter a pretensão de solicitar a nossos parceiros o aval formal a esses textos, em virtude do clima e de certos conteúdos de sua redação. Por exemplo, os católicos não podem subscrever o conjunto da Confissão de Augsburgo, assim como os protestantes não o poderiam em relação aos decretos do Concílio de Trento. Mas a via justa foi traçada pelo estudo re-

---

42. Chamamos de *protocanônicos* os livros do Antigo Testamento redigidos em hebraico; algumas obras mais tardias e escritas em grego são chamadas de *deuterocanônicas*. Os judeus já se separavam a esse respeito; uns, palestinos, ficavam apenas com os protocanônicos; os outros, alexandrinos, a estes acrescentavam os deuterocanônicos. A Igreja antiga seguiu o cânon alexandrino, o da Septuaginta; no século XVI, Lutero voltou ao cânon hebraico.

43. Como exemplo, ver o diálogo entre luteranos e menonitas sobre a suspensão dos anátemas formulados no século XVI contra os anabatistas, que, pertinentes à época em que foram promulgados, não visam mais a parceiros atuais. Cf. *Accords et dialogues oecuméniques*, VII, 12-14.

ferente à suspensão dos anátemas⁴⁴. Devemos evitar todo literalismo e todo anacronismo, assim como todo relativismo.

:: **409** :: Devemos manter a lucidez a respeito da maneira como esses documentos antigos nos unem atualmente, desde que as Igrejas assinaram juntas um novo documento. Não deveríamos daqui em diante invocar, com polêmica, nossos respectivos textos confessionais a respeito de pontos que constam de um texto de acordo oficial, mesmo que diferenciado, assinado no diálogo ecumênico. Cada Igreja deveria julgar que o texto novo respeitou o que seus próprios documentos confessionais continham de imprescritível. Deveríamos considerar que estamos todos juntos sob a autoridade do novo enunciado que foi subscrito. Cada Igreja incluiria o novo documento entre seus textos magisteriais ou confessionais. Um acordo formal sobre essa metodologia parece indispensável ao progresso da pesquisa.

:: **410** :: Não seria possível, pela prática contínua do processo operado pela *Declaração comum sobre a justificação*⁴⁵, constituirmos juntos um *corpus* de textos doutrinais cuja autoridade seria definida conjuntamente e em seguida reconhecida por todos? Esse *corpus* comportaria facilmente o conjunto das confissões de fé antigas e as decisões dos primeiros concílios ecumênicos. Poderia progressivamente receber os documentos de acordos doutrinais oficialmente assinados pelas Igrejas. Já hoje, um bom número de resultados obtidos mereceria esse reconhecimento oficial. Os documentos católicos e protestantes posteriores ao século XVI e aqueles aos quais nossas Igrejas continuam a se reportar seriam, daqui em diante, lidos à luz desses documentos de acordo. Um novo *corpus* de afirmações doutrinais estaria então em gênese, elaborado no respeito à tripla dimensão comunitária, colegiada e pessoal, e estaria a serviço da construção da unidade doutrinal⁴⁶ à qual aspiram as Igrejas.

---

44. Para a tradução francesa, cf. *Les anathèmes du XVI siècle sont-ils encore actuels?* Les condamnations doctrinales Du cocile de Trente et des rèformateurs justifient-elles encore la division de nos Églises? Propositions soumises aux Églises catholique, lutheérienne et reformée em Allemagne, dir. K. Lehmann, W. Pannenberg, Paris, Cerf, 1989. Esse estudo não concerne somente à justificação, mas também aos sacramentos e ao ministério.

45. Cf. abaixo nº 415.

46. "Unidade doutrinal" não quer dizer "uniformidade doutrinal": ela diz respeito aos pontos de vista julgados necessários a uma comunhão autêntica entre as Igrejas. Cf. abaixo nº 451.

3. Por uma reconciliação de comunidades e de pessoas

:: **411** ::   Temos ainda de nos reconciliar sobre a ligação entre o testemunho da consciência individual e o da consciência da comunidade instituída. Quando os reformadores deram maior importância à fé vivida do fiel, não se tratava de uma consciência individualista, mas da consciência do fiel perante seu Deus e do fiel em Igreja, dois aspectos hoje muito frequentemente esquecidos. O desafio dessa reconciliação é propriamente doutrinal, para não mencionar suas consequências práticas.

:: **412** ::   Descobrimos no decorrer de nossos debates um acordo importante de perspectiva sobre a natureza da pregação oficial na Igreja. A Igreja é fundamentalmente infalível no testemunho da fé e a pregação é um lugar principal, "estratégico", de exercício da autoridade doutrinal. Os Padres da Igreja eram pregadores. A pregação é um Evangelho proclamado! O fiel acolhe a palavra de Deus através da palavra da Igreja. Em certo sentido, o pregador fiel diz a seus ouvintes *o que diz o Senhor* (*haec dicit Dominus*). Seria desejável que as Igrejas pudessem expressar juntas as condições concretas do exercício da pregação e do ensinamento, para que esse dado fosse plenamente respeitado.

:: **413** ::   Em relação ao problema da infalibilidade, reconhecemos entre nós uma diferença de tradição, de abordagem e de sensibilidade. A Igreja católica destaca sua dimensão puramente doutrinal: a infalibilidade de uma instância doutrinal garante a inerrância de um enunciado; as Igrejas da Reforma abordam a questão de forma mais existencial: a ideia da infalibilidade implica a da impecabilidade, que não pode ser atribuída à Igreja. Podemos, todavia, considerar juntos que o que há de pecador na Igreja não compromete a realidade do dom de Deus que a guarda na verdade. Os abusos ou os maus usos da autoridade não comprometem a autoridade como tal, mas são da ordem do pecado.

:: **414** ::   Do lado católico, a questão de uma "re-recepção" da definição do Vaticano I sobre a infalibilidade do papa foi apresentada outrora por padre Yves Congar, mais tarde ordenado cardeal. Ora, a Igreja católica reconhece plenamente "que uma verdade dogmática seja primeiro expressa de maneira incompleta — porém não falsa — e que mais tarde, considerada em contextos de fé ou de conhecimento humanos mais estendidos, seja expressa de forma mais integral e perfeita. [...] Além disso, ocorre por vezes que [...] algumas destas fórmulas tenham dado lugar a novas maneiras de ensinar que, propostas ou aprovadas pelo magistério, apresentem mais clara e completamente o mesmo significado"[47]. Então, não seria este o momento de reformular, no contexto de uma eclesiologia de comunhão, o dogma do Vaticano I que permanece atualmente uma pedra de tropeço tanto para a tradição ortodoxa como para a protestante?[48]

4. Por uma reconciliação sobre o funcionamento das instâncias

:: 415 :: A declaração comum da Federação Luterana Mundial e da Igreja católica romana *a respeito* da doutrina da *justificação* pode ser considerada exemplar, mesmo engajando apenas uma das tradições e Igrejas instituídas da Reforma. Ele é um acontecimento pleno de esperança, pois esse documento foi assinado por autoridades reconhecidas e responsáveis de cada um dos lados. Não foram obtidas todas as consequências eclesiológicas desse acontecimento. Se do lado católico a instância signatária representava o papa, do lado luterano representava as Igrejas que tomaram sua decisão em seus respectivos sínodos, aceitaram ser representadas em sua aprovação pelo presidente, pelos vice-presidentes e pelo secretário-geral de sua Federação, o que demonstra ser considerável que elas possam, para decisões maiores, delegar sua autoridade doutrinal a uma instância comum. O diálogo doutrinal passaria então de uma condição de diálogo entre comissões à de diálogo entre as autoridades doutrinais da Igreja.

:: 416 :: Do lado católico, a consideração doutrinal do fenômeno da recepção parece urgente. Certamente, a recepção sempre funcionou nessa Igreja e funciona também ainda hoje. Mas ela não é mais considerada uma grandeza teológica que deve intervir na interpretação oficial de documentos do passado.

:: :: :: ::

---

47. Congregação para a Doutrina da Fé, *Mysteriom Ecclesiae*, n. 5, DC 1636 (1973) 667.
48. Cf. abaixo nº 476.

:: **417** ::   Ao fim deste capítulo, não é inútil lembrar ao leitor a dinâmica que o anima, pois é ela que lhe dá sentido. Nós apresentamos, inicialmente, o rico campo do consenso que nos une, com a esperança de que no futuro este consenso seja capaz de ter as diferenças suficientemente convertidas para que não sejam mais separadoras. Lançamos os fundamentos do que poderia se tornar um *consenso diferenciado*.

:: **418** ::   Em seguida, enunciamos honestamente todos os pontos de divergência, tudo o que ainda hoje se constitui em grandes "obstáculos" entre Igrejas. Não procuramos minimizar esta constatação em um irenismo de fachada, pois estamos convencidos de que é indo ao fundo de nossas dificuldades que podemos esperar um dia ultrapassá-las. Insistimos no fato de que a divergência se inscreve frequentemente no coração do consenso.

:: **419** ::   Enfim, destacamos algumas pistas doutrinais, modestas sem dúvida, no intuito de de uma reconciliação. Se as divergências são fortes, o consenso o é igualmente. Somos levados nessa tarefa pelas análises histórica e bíblica que nos dão uma nova disponibilidade para o questionamento recíproco. Não pensamos ter resolvido todos os pontos, no entanto acreditamos ter mostrado que uma nova abertura doutrinal pode alavancar um amplo programa de trabalho para o diálogo ecumênico presente e futuro. Esperamos que as autoridades de nossas Igrejas possam nele se engajar em dois tempos: primeiro em uma pesquisa comum, depois em acordos de Igrejas.

:: **420** ::   Pensamos, particularmente, que, se cada uma de nossas Igrejas tem o desejo de reconhecer doutrinariamente a tripla dimensão comunitária, colegiada e pessoal no funcionamento da autoridade, e de colocá-las em prática de maneira equilibrada, podemos colocar de lado a impressão, frequente, de que estamos diante de duas constituições fundamentais de Igrejas divergentes e incompatíveis. Temos de reconhecer e honrar, de ambas as partes, a distinção entre o que pertence à *essência* ou, em outras palavras, à *estrutura una* da Igreja e tudo o que provém das *instituições* e *organizações*. Aqui ainda união e comunhão não significam uniformidade.

:: **421** ::   Nós já formulamos propostas para ultrapassar as dificuldades que foram diagnosticadas neste capítulo. Prolongaremos esses desenvolvimentos em um novo capítulo, ao formular diversas propostas para a conversão de nossas Igrejas. Sem dúvida, de certa maneira, doutrina e prática são sempre solidárias, mesmo que guardem suas especificidades. Apesar das diferenças separadoras que faltam ser suplantadas, o consenso doutrinal que atingimos hoje pode conduzir a comportamentos que integrem mais as práticas de nossos parceiros a nossas próprias práticas. Reciprocamente, uma maneira comum de respeitar, de viver e de gerenciar a autoridade doutrinal na Igreja nos ajudará a ver com olhos mais unificadores e renovadores o que hoje nos parece separador.

CAPÍTULO 5
PELA CONVERSÃO DAS IGREJAS

:: **422** ::   Nesta última etapa de nosso documento, propomo-nos, em referência aos ensinamentos da Escritura e sobre a base da abertura permitida pelas reflexões doutrinais já enunciadas, destacar um certo número de propostas, que desejam ser o mais concretas possível, para a conversão de nossas Igrejas. Será caminhando para uma conciliação cada vez maior, preocupando-nos o máximo possível com nossos parceiros que um dia poderemos progredir e descobrir com certeza uma via de reconciliação doutrinal mais completa. Nossas maneiras de agir não podem ser de nenhuma influência sobre nossas maneiras de pensar. Nossas divergências fundamentais sobre a Igreja e as capacidades do homem salvo poderão experimentar um novo dia. Indicaremos, então, os pontos sobre os quais nos parece que a autoridade poderia ser compreeendida e exercida de maneira mais justa, mais inteligível e mais coerente com a fé que nos foi transmitida.

:: **423** ::   A distância entre o que já reconhecemos em comum a respeito da autoridade doutrinal e ao que somos chamados com o intento de uma reconciliação abre um amplo espaço à conversão de nossas comunidades. Nós o dissemos: a autoridade que se exerce na Igreja não é um simples assunto humano, mas um dom recebido de Cristo. Esse dom faz o apelo para que se preste um melhor testemunho da unidade da Igreja, de sua santidade, de sua catolicidade e de sua apostolicidade, ou seja, das exigências de quatro "notas" ou "marcas" que a caracterizam por sua fundação e constituem, ao mesmo tempo, um dom e uma tarefa. A Igreja "já" é santa pelo dom recebido de Deus e na medida em que, chamada à santidade, dela faz sua vocação e sua razão de ser. Ela "ainda não" o é pela razão de que a santidade, não estando em seu estado pleno, é incompleta. A condição do cristão em Igreja — ao mesmo tempo justificado e pecador — está igualmente na condição do "já" e do "ainda não".

:: **424** :: A autoridade tem sua origem em Deus. Ela tem por missão velar pela unidade. Ela está a serviço da santificação dos fiéis e, portanto, da santidade de toda a Igreja. A autoridade, que tem por fim manter a catolicidade da Igreja, conjuga-se com a comunhão e deve portar o desejo de uma tensão fecunda entre as exigências dessa comunhão e as diversidades legítimas. Ela não poderia ser simplesmente um governo universal. A autoridade se inscreve enfim na apostolicidade de toda a Igreja, uma apostolicidade que a funda segundo a gratuidade do projeto de Deus e a faz missionária[1]. Este é o desafio do exercício da autoridade na Igreja, esta é a razão de nosso apelo à conversão.

:: **425** :: Devemos estar atentos à distinção entre *reforma* e *conversão*. A reforma da Igreja passa por sua teologia, suas instituições, suas maneiras de proceder, pela objetividade de sua linguagem e de suas práticas. Ela envolve decisões que podem trazer mudanças. Mas ela só tem chance de sucesso se levada adiante pelo consenso do povo cristão, persuadido de que deve aceitar essas mudanças se quer testemunhar o Evangelho com maior fidelidade. Desde que padre Yves Congar escreveu sua célebre obra *Verdadeira e falsa reforma na Igreja*[2], sobretudo desde o Vaticano II, a Igreja católica reconheceu plenamente a necessidade de uma reforma constante de suas instituições[3].
A conversão é uma atitude espiritual, uma dinâmica que já descrevemos amplamente[4]. Ela é uma exigência que tem em vista a santidade da Igreja. Ela

---

1. "Para a Igreja, ser 'missionária' é dizer a outras gerações, a culturas diferentes, a novas ambições humanas: 'Você me faz falta' — não como o proprietário fala do campo do vizinho, mas como o apaixonado" (M. Certeau, Autorités chrétiennes, *Études* [out. 2000] 378-379).
2. *Vraie e fausse reforme dans l'Église*, Paris, Cerf, 1968 [1. éd. 1950].
3. O tema da reforma da Igreja está presente no decreto *UR* do Vaticano II, n. 6, e na primeira encíclica de Paulo VI, *Ecclesiam suam*, em 1964.
4. Cf. Grupo dos Dombes, *Pour la conversion des Églieses. Identité et changement dans la dynamique de communion*, Paris, Centurion, 1991.

é, de certa forma, a face interna de toda reforma e a condição para que esta ocorra. Se ela é partilhada por todos os membros do povo cristão, ela cria uma emulação entre fiéis e responsáveis e permite que se purifique o rosto deformado de nossas comunidades. Esperamos que os diversos pontos de conversão que propomos possam se concretizar em reformas institucionais.

:: **426** ::   No entanto, não se decreta uma conversão. Ela comporta um elemento de inesperado que a distingue de um ato voluntário e deliberado. Ela é mais que uma simples mudança, mesmo que implique uma evolução do pensamento e possa levar a uma reforma da vida da Igreja. Por outro lado, ela pode ser preparada. Tal preparação supõe que as Igrejas, em todos os níveis, se esforcem para reconhecer suas falhas, suas imperfeições, suas resistências em relação à sua vocação. Todo apelo à conversão se inscreve em tal perspectiva, aguardando o "momento de graça" em que, pela força do Espírito, alcançará seus frutos.

:: **427** ::   Para reencontrar a unidade e a comunhão entre elas, as Igrejas têm, portanto, de mensurar as conversões às quais devem consentir, do ponto de vista tanto da concepção da autoridade como de seu exercício. Os apelos que o documento dos Dombes *Pela conversão das Igrejas* expressou a esse respeito continuam a ser o mesmo desafio atualmente. Estes não derivam apenas da fidelidade ao Evangelho e à tradição. Há aí também a credibilidade de um anúncio da salvação do qual os cristão estão encarregados e para o qual não devem ter outra ambição que a de continuar na escola do Mestre, que na noite de sua Paixão, lavando os pés de seus discípulos, lhes disse: "Este é um exemplo que vos dou" (Jo 13,15). A conversão da autoridade só pode ser uma conversão de serviço ao próprio Senhor, realizada sob a atividade criadora, preservadora e diretora do Espírito.

:: **428** ::   Nós falamos antes, em plena consciência, de nossas divergências sobre a Igreja. Mas não procederemos dirigindo-nos sucessivamente, como antes, à Igreja católica e às Igrejas da Reforma. Abordaremos certo número de pontos concretos sobre os quais expressaremos uma convicção — ou, se necessário, uma situação — comum, a partir da qual tentaremos extrair, por dedução, algumas demandas às quais as diferentes Igrejas poderiam aderir. Isso nos permitirá "cruzar" nossos apelos: alguns visam a Igreja à qual cada um de nós pertence; outros ousam dirigir-se às Igrejas de nossos irmãos e irmãs.

:: **429** :: Nosso fio condutor referir-se-á ao que dissemos sobre os textos, as comunidades e as pessoas, sobre a necessária "circulação" da autoridade entre estas diversas instâncias e sobre a tripla dimensão comunitária, colegiada e pessoal. Mesmo que toquemos inevitavelmente na questão dos ministérios, nossa intenção não é retomar os apelos já expressos, mas nos concentrar na gestão dos diversos tipos de autoridade.

I. O que concerne aos textos

1. Nossa referência à Escritura

:: **430** :: Estamos de acordo para considerar, uns e outros, que o *exercício da autoridade na Igreja deve se fundamentar primeiro na autoridade e no testemunho da Escritura*. A autoridade primordial da Bíblia constitui o próprio coração da reforma. Do lado da Igreja católica, essa autoridade prioritária foi reafirmada no Vaticano II: este "sempre tomou as Escrituras e as mantém, conjuntamente com a santa tradição, como a regra suprema de sua fé, pois por serem inspiradas por Deus e consignadas por escrito de uma vez por todas as Escrituras comunicam eternamente a própria voz de Deus" (*DV* 21). Além disso, "o estudo da Sagrada Escritura deve portanto ser para a teologia como sua alma" (*DV* 24).

:: **431** :: Com efeito, a própria autoridade de Jesus, recebida e transmitida pelos apóstolos, era depositada como norma de fé no cânon das Escrituras à medida que o tempo afastava as novas gerações das origens. Os sucessores dos apóstolos tiveram necessidade de se reportar a uma autoridade.

:: **432** :: A Escritura apresenta sempre o problema de sua interpretação. A autoridade que se exerce a seu respeito é sempre uma autoridade de obediência à sua mensagem. Ela é um *testemunho de fé a serviço da comunhão* à qual todos os cristãos são chamados. Nós confessamos juntos que a Escritura deve ser interpretada sob o testemunho e com a assistência do Espírito. Reconhecemos que essa interpretação passa inevitavelmente por mediações humanas que se exercem nas Igrejas.

:: **433** ::   O esclarecimento e o reequilíbrio operados pelo Vaticano II entre Escritura, tradição e magistério foram reconhecidos como decisivos. É por isso que esperamos da Igreja católica e, particularmente, de seu magistério, oficialmente responsável pela interpretação da Escritura, que mostrem bem em que as decisões doutrinais são comandadas pela Escritura e submetidas ao seu testemunho. Para isso, eles podem apelar bastante, em sua maneira de proceder, ao colegiado episcopal, aos resultados mais comprovados da exegese e ao *sensus fidelium*. Nós lhes pediremos que cuidem o máximo possível de levar em conta, em sua linguagem e em suas tomadas de posição, os resultados do diálogo ecumênico doutrinal.

:: **434** ::   Diante do que consideram ser um modelo hierárquico e monárquico que não se encaixa nas categorias do Evangelho, os reformadores defenderam uma concepção da autoridade que repousa na dupla mediação da Escritura e do Espírito Santo: também o princípio "somente a Escritura" (*sola scriptura*) não teria nenhuma legitimidade em seu exercício sem a invocação do testemunho do Espírito[5]. Esperamos das Igrejas da Reforma que elas valorizem em sua prática a dimensão eclesial dessa interpretação, sobretudo quando novos problemas se apresentarem, e que saibam assumir com propriedade posições claras sobre os pontos em que a autoridade das Escrituras deve uni-los. O *sola scriptura* não deve ser compreendido como um individualismo perante Deus. Ele envolve também um esclarecimento entre a autoridade reconhecida aos sínodos e a autoridade reconhecida aos teólogos, Uma nova atitude é essencial tanto para seus próprios fiéis quanto para as outras Igrejas. Esse esforço deveria ser acompanhado do desejo de procurar o máximo possível o acordo e a convergência com outras Igrejas.

:: **435** ::   Na interpretação da Escritura, as Igrejas da Reforma são hoje convidadas a converter seu olhar e a considerar a autoridade do passado eclesial anterior ao século XVI pertencente plenamente ao seu próprio patrimônio espiritual.

---

5.   "Não há o que o Espirito Santo tenha ensinado que não repouse na Escritura em reta firmeza; e ainda que ela traga consigo seu crédito, para ser recebida sem contradição e não ser submetida a nenhuma prova ou argumentos, é pelo testemunho do Espirito Santo que ela obtém a certeza que merece. Pois, mesmo que em sua sua própria majestade ela tenha direito de ser reverenciada, ela começa realmente a nos tocar quando é selada em nossos corações pelo Espirito Santo" (Calvino, *IC*, VII, 5).

Elas seguiriam nisso o exemplo dos reformadores que se referiam de bom grado aos Padres da Igreja. Mas a ruptura que se seguiu a essa época levou-as em larga medida a esquecer seu enraizamento na grande tradição da Igreja. Sua insistência no princípio "somente a Escritura" e o desenvolvimento de sua própria história a conduziram a subestimar, como uma referência incontornável para sua fé e sua teologia, a herança dos séculos que precederam a Reforma. A despeito de certos dados de ordem eclesiológica acentuados de maneira errônea pelas autoridades institucionais da Igreja medieval, nós lhes pedimos que reconheçam a autoridade da tradição, não como uma outra fonte que se situaria ao largo da Escritura, mas como uma riqueza insubstituível para a transmissão da Escritura e de sua mensagem.

:: **436** :: O testemunho da Escritura constitui assim um exemplo e uma exigência para a maneira de exercer a função da autoridade, em um clima de santidade e no pleno acordo entre o dito e o feito. Jesus foi reconhecido como "o santo de Deus"[6] em razão da dupla autoridade que a multidão lhe reconhecia: autoridade de seu ensinamento e autoridade libertadora do mal e da doença. Sua palavra de autoridade fazia-se acompanhar de atos que a "confirmavam". Ela era sempre proferida no âmago de uma relação. Essa maneira com que Jesus exerca a autoridade deve ser uma norma para as Igrejas.

Pedimos a todas as Igrejas que cuidem para que esse anúncio do Evangelho fundamentado na Escritura se faça no mesmo clima, em particular manifestando o acordo entre os que o professam e os que o praticam. Retornar ao que caracteriza tal autoridade convida à releitura de suas modalidades de exercício, a fim de que o Evangelho possa ser escutado em verdade por nossos contemporâneos.

2. Confissões de fé, concílios e outros documentos: a hierarquia dos textos

:: **437** :: Recebemos juntos as confissões de fé e as decisões doutrinais dos concílios ecumênicos da Igreja antiga. Estamos de acordo em reconhecer a

---

[6]. Por Simão Pedro (Jo 6,69) e também por um demônio que aí não se engana (cf. Mc 1,21-28; Lc 4,31-37).

necessidade de formular uma expressão comunitária da fé. Desde a separação, cada uma de nossas Igrejas expressou sua fé em textos confessionais, simbólicos, conciliares ou outros. Existe uma hierarquia na autoridade desses diferentes documentos. Hoje as Igrejas assinam oficialmente novos acordos doutrinais. Todos esses documentos colocam problemas de interpretação, a propósito dos quais devemos evitar tanto o literalismo quanto o relativismo.

:: **438** :: Esperamos da Igreja católica que ela esclareça, sem os majorar, os diferentes níveis de autoridade doutrinal e disciplinar que revestem os textos originários do magistério romano e os diferentes graus de engajamento que eles requerem por parte dos fiéis; esperamos também que se esforce para melhor apresentar a distinção entre ensinamentos reformáveis e irreformáveis. Pedimos-lhe que coloque em prática o princípio da "hierarquia das verdades" no interior do *corpus* da fé[7] e que integre a noção de recepção que já constitui uma conversão ao diálogo interno. Pedimos-lhe que cuide para que esses documentos, imediatamente divulgados pelos meios de comunicação, revistam-se de um tom pastoral e acessível não apenas aos fiéis, mas a todos nossos contemporâneos.

Pedimos-lhe, enfim, que favoreça tudo o que concerne à justa interpretação (*hermenêutica*) dos textos antigos, em particular a distinção que se deve fazer entre a intenção do sentido (eventualmente irreformável) e a materialidade das palavras (sempre suscetível de aperfeiçoamento). Os acordos cristológicos já realizados com as Igrejas orientais ortodoxas são um feliz precedente nesse sentido[8]. Desejamos que um processo análogo, iniciado pela *Declaração comum sobre a justificação*, seja seguido com as Igrejas da Reforma nos temas tratados pelos concílios de Trento e Vaticano I.

:: **439** :: Esperamos das Igrejas da Reforma que esclareçam a autoridade reconhecida hoje às confissões de fé antigas e a seus textos confessionais de refe-

---

7. A organização e a hierarquização do referido copo depende não de um tipo de verdade doutrinal mais fundamental que as outras, mas da relação de cada elemento doutrinal com o próprio fundamento da fé: o projeto salvífico do Pai, do Filho e do Espírito.

8. Trata-se da série de acordos oficiais sobre a cristologia assinados pelos papas Paulo VI (1963-1978) e João Paulo II, com as respectivas autoridades das Igrejas orientais ortodoxas. Seu desafio consistia em estabelecer um acordo doutrinal sobre o sentido da confissão de fé cristológica, sem impor aos parceiros os termos de Calcedônia, considerados litigiosos (em particular o "em duas naturezas").

rência (Confissão de Augsburgo, Confissão de La Rochelle etc.) e os critérios que fundamentam os diferentes graus de autoridade entre uns e outros. Nós pedimos-lhes que verifiquem se certas conclusões exegéticas do momento não tiveram, em alguns casos, a tendência a suplantar a importância das confissões de fé. Na interpretação de seus textos confessionais, pedimos-lhes que levem bastante em conta a condição histórica e sua atualização necessária. Mais geralmente, pedimos-lhes que reconheçam às instâncias eclesiais de regulação da fé (aos sínodos em particular, assim como aos inspetores eclesiásticos e aos presidentes dos conselhos regionais ou sinodais) toda a autoridade de que necessitam para acompanhar os fiéis em sua fidelidade ao Evangelho e à fé eclesial, no desejo da comunhão no interior de cada uma delas[9].

:: **440** :: Pedimos a todas as Igrejas que digam com clareza em que medida reconhecem sua fé nas conclusões dos documentos das diversas comissões das quais foram encarregadas. Elas contribuirão assim com o processo de sua recepção e de seu progresso.

Pedimos igualmente que esclareçam a autoridade que reconhecem aos documentos ecumênicos que assinaram oficialmente. Esses documentos deveriam daqui em diante pertencer tanto ao *corpus* magisterial da Igreja católica como ao *corpus* confessional das Igrejas da Reforma. Somos encorajados nesse pedido pelo exemplo promissor das confissões de fé assinadas entre a Igreja católica e as Igrejas orientais ortodoxas e pelo da *Declaração comum sobre a justificação* entre a Igreja católica e as Igrejas luteranas. De tais documentos emanam os primeiros traços de uma autoridade simultânea exercida pela Igreja católica e pelas outras Igrejas. *Eles deixam a esperança do dia em que possamos assumir em uma só voz o ministério da autoridade doutrinal*, na humilde fidelidade à Palavra de Deus e na escuta paciente do que o Espírito diz às Igrejas.

---

9. A gestão de certas tradições protestantes de tipo fundamentalista confronta as Igrejas da Reforma com um desafio, em razão de sua maneira de compreender o *sola scriptura* em detrimento de qualquer instância de regulação.

II. O que concerne às comunidades

:: **441** :: Os pedidos a seguir inscrevem-se no quadro de uma eclesiologia de comunhão. Eles visam ao respeito da pessoa de cada fiel, assim como à necessidade de cada um de reconhecer a urgência de viver uma fé comum e fraterna, não somente nas comunidades de base ou nas paróquias, nas Igrejas locais e regionais, mas também no seio da comunhão que deve reunir todas as Igrejas. Eles têm a intenção de que cada fiel possa participar com toda a responsabilidade, em nome da autoridade batismal que é a sua, da reflexão e do ensinamento que as Igrejas são levadas a fazer a cada época.

1. A autoridade da consciência

:: **442** :: Reconhecemos juntos a autoridade da consciência pessoal, instância última de toda decisão humana. Quando falamos aqui de consciência, estamos falando de uma consciência responsável que faz o possível para formar seu próprio julgamento, uma consciência cristã que tenta se colocar à escuta do Espírito. Apenas o testemunho interior do Espírito Santo pode garantir que uma expressão doutrinal da Palavra de Deus traduza uma verdade divina. Vimos com Ireneu toda a parte reconhecida na Igreja antiga à leitura espiritual da Escritura, quer dizer, à meditação e à interpretação do "discípulo espiritual". Essa leitura é perfeitamente compatível com a regra de fé. Mas nossas maneiras de nos referir à consciência continuam muito divergentes.

:: **443** :: Esperamos da Igreja católica que ela esteja bastante atenta em seu ensinamento à referência à consciência e à experiência dos fiéis em diversos campos da fé e dos costumes, confiando assim na ação do Espírito em seus corações. Essa referência, perfeitamente expressa nos textos dos teólogos mais reconhecidos (como Tomás de Aquino), permanece frequentemente implícita. Pensamos que a relação complexa que existe entre a autoridade da consciência e a autoridade do magistério exterior merece ser explicitada. Pedimos, assim, que o peso da consciência comum dos católicos seja mais bem considerado, quando esta é permanentemente partilhada no espaço e no tempo, mesmo que não possa pretender representar o senso universal da fé dos fiéis.

:: **444** :: Esperamos das Igrejas da Reforma que destaquem as exigências cristãs de um justo exercício dos direitos da consciência e que esclareçam os mal-entendidos que se espalharam em torno da expressão "livre exame" e que exageram a independência espiritual da experiência religiosa individual. Um legítimo "livre exame" só pode ser exercido pela graça e pela ação do Espírito e não pode ser independente da expressão comunitária da fé. Ele deve ser exercido com o "senso da Igreja", de uma Igreja que ultrapasse o contexto local e temporal[10]. A conversão à qual são chamadas as Igrejas protestantes está na medida do que pôde ser por vezes uma infidelidade ao senso da Igreja e de suas quatro "notas". Isso demanda uma retomada do problema geral da autoridade da Igreja em relação à obediência a Jesus Cristo e da inscrição dos direitos da consciência individual no consenso da Igreja.

:: **445** :: Contrariamente a uma ideia recebida, os reformadores do século XVI nunca utilizaram a expressão ambígua "livre exame". A distinção entre "religiões da autoridade" e "religiões do Espírito"[11] só pode continuar sendo pertinente sob a condição de não reduzir a presença do Espírito a um simples reflexo da alma humana, tal como se manifesta na experiência espiritual do indivíduo. O que por vezes se chama de "espiritualismo protestante" consiste de fato em separar o Espírito da Igreja: "Representa-se então o Espírito como mais ou menos oposto, por sua própria natureza, a tudo que lembra as 'Igrejas'. [...] A Igreja é sempre acusada de ser inimiga da liberdade individual"[12]. Tal espiritualismo, no mau sentido do termo, pode conduzir a que se reivindique a autoridade do Espírito somente em nome de um princípio de liberdade individual, em oposição à autoridade das instituições, em particular a da Igreja.

---

10. Na Dieta de Worms (1521), Lutero respondia às autoridades da Igreja estabelecida e ao Império que era "perigoso ir contra sua consciência". Ele apelava ao Evangelho e ao concilio contra as exigências da autoridade romana.

11. Cf. A. SABATIER, *Les religions de l'autorité et la religion de l'esprit*, Paris, Librairie Fischbacher, Paris, Berger Levrault, 1956 [1. ed. 1899].

12. R. PRENTER, *Le Saint-Esprit et le renouveau de l'Église*, Neuchatel/Paris, Delachaux & Niestlé, 1949, p. 6.

2. Senso da fé dos fiéis, debate e corresponsabilidade

:: **446** :: A autoridade cristã é também a de todo cristão, em nome de seu Batismo e de sua participação no sacerdócio comum e universal. Ela é a do conjunto do povo de Deus habitado pelo "senso da fé". Sabemos o quanto é difícil na vida concreta das Igrejas dar o lugar certo a essa forma de autoridade do fiel e da comunidade e fazer atuar uma verdadeira corresponsabilidade entre elas e as autoridades instituídas. Nesse aspecto, a Igreja católica funciona quase sempre na falta, e as Igrejas da Reforma no excesso.

:: **447** :: Nossa cultura confere um lugar muito geral às *consultas* e aos *debates*. Para que sejam justas, as decisões devem amadurecer mediante esses processos. As Igrejas não podem se apropriar de todas as formas do debate democrático. No entanto, a história nos ensina que o funcionamento de sua autoridade não ocorre jamais sem que haja uma relativa osmose cultural com as maneiras de agir ao longo de diferentes épocas.

:: **448** :: Esperamos que a Igreja católica ponha em prática na medida do possível o princípio de corresponsabilidade, no pleno respeito à dignidade dos leigos, homens e mulheres, que são os reais parceiros no Evangelho, e à responsabilidade própria confiada àqueles e àquelas que são investidos dos diversos ministérios.

Pedimos-lhe, especialmente quando um novo problema se apresenta na ordem da fé e da moral, que reserve o tempo necessário ao debate nas Igrejas locais, antes de tomar uma decisão final. Que este debate seja acompanhado de diálogos com as outras Igrejas e que permita que se destaquem progressivamente os elementos em jogo, que se decantem as primeiras reações passionais e que se chegue mais facilmente a um certo consenso que seja útil à prática da justa decisão.

:: **449** :: Esperamos que as Igrejas da Reforma, mais familiarizadas com a cultura do debate, cuidem para que o respeito às diferenças não venha a anular a necessidade de uma posição eclesial comum, fazendo referência ao testemunho do Evangelho. Que os procedimentos seguidos lhes permitam confrontar em verdade as opiniões de um momento com os desafios fundamentais da fé e estar atentas às posições das outras Igrejas. Que o debate seja acompanhado de diálogos com estas últimas, mas que não se eternize em detrimento de uma decisão clara, necessariamente corajosa. Não deve a Palavra ser anunciada "em tempos e em contratempos" (2Tm 4,2)?

:: **450** :: Pedimos a todas as Igrejas que aceitem debater em conjunto os problemas da fé e da moral que se apresentam de novas maneiras, que se organizem para poder tomar decisões comuns o mais frequentemente possível e que aceitem o princípio evangélico da correção mútua. Tal trabalho, baseado na confiança recíproca, permitirá que cada Igreja se deixe interrogar por outras tradições e explique as razões que possam conduzir a posições diferentes.

3. Unidade não significa uniformidade

:: **451** :: O termo unidade, que foi por muito tempo o motor principal do movimento ecumênico em referência à prece sacerdotal de Jesus (Jo 17), é hoje objeto de uma suspeita: a de querer conduzir as Igrejas à uniformidade. O termo comunhão, perfeitamente legítimo, é muitas vezes preferido, mas não abarca algumas ressonâncias significativas da outra palavra. A posição de nosso grupo foi sempre muito clara a esse respeito. Nós visamos a uma unidade autêntica da Igreja reconciliada no pleno respeito a todas as diversidades legítimas[13].

:: **452** :: A renovação da eclesiologia e um sério acompanhamento ecumênico nos conduziram a perceber o quanto a diversidade podia ser um valor inerente à unidade. As declarações assinadas entre as Igrejas orientais ortodoxas e a Igreja católica sobre a cristologia, igualmente à *Declaração comum sobre a justificação*, colocaram em prática o método conhecido por "*consenso diferenciado*". Tal consenso sobre os dons imprescritíveis da fé comporta diferenças não apenas na expressão doutrinal, mas também na insistência crente no interior da confissão do mesmo mistério da salvação. Neste último caso, mais do que um acordo

---

13. Nós nos explicamos sobre esse ponto no documento *Pela conversão das Igrejas*, a propósito das identidades confessionais.

doutrinal sobre a compreensão da salvação, foi já um acordo doutrinal sobre a compreensão da unidade da Igreja que o assinou. As Igrejas não teriam, dessa forma, reatualizado um processo análogo ao da fixação do cânon das Escrituras, que permanece um modelo de uma diversidade portada pela unidade?

:: **453** :: Esperamos que a Igreja católica mostre tanto em seu ensinamento quanto em suas práticas como a autoridade doutrinal pode se exercer a serviço de uma unidade que renuncia a toda uniformidade. Sem dúvida, o peso secular da centralização levou a que se impusessem universalmente, em nome da fé, modos de pensar, de linguagem e de práticas litúrgicas que não passavam, por vezes, de expressão de particularidades dominantes. Mas Paulo, dirigindo-se aos coríntios, insistia no mesmo sentido na diversidade dos "carismas" e na comunhão na fé. O Vaticano II ensina uma eclesiologia de comunhão e declara que a Igreja católica existe "em e a partir das Igrejas particulares" (*LG*, 23). Hoje em dia, mais do que nunca, a unidade deve dar direito à diversidade de situações culturais e à legítima pluralidade de experiências eclesiais. A autoridade deve mesmo encorajar a eclosão de formas de vida, de espiritualidade, de liturgias e de teologias que, mesmo enraizadas de maneira original nas culturas hoje atualmente diversificadas, não deixariam de manifestar sua fidelidade à fé cristã e sua pertença à Igreja universal.

:: **454** :: Esperamos que as Igrejas da Reforma, que se desenvolveram sob o regime de particularidades nacionais ou regionais, vivam melhor as exigências da verdadeira união da Igreja. Está por ser feita sua conversão não somente a uma consciência mas ainda a uma cultura de unidade e de comunhão na Igreja universal.
Na bela expressão "consenso diferenciado", não seria desejável que o adjetivo viesse a dominar o substantivo nem que o respeito indiferente às identidades confessionais impedisse as renúncias necessárias à restauração da unidade visível da Igreja.

III. O que concerne às autoridades colegiadas

:: **455** :: Reconhecemos juntos a tripla dimensão comunitária, colegiada e pessoal da autoridade na vida de nossas Igrejas. Mas sabemos que a Igreja católica não conseguiu criar concretamente instituições sinodais eficientes, pois lhe falta certa cultura da sinodalidade. Sabemos também que as Igrejas da Reforma não conseguiram reconhecer autoridades pessoais capazes de se exercer no seio dos colegiados e dos sínodos.

:: **456** :: As Igrejas oriundas da Reforma são muito ligadas ao funcionamento do sistema presbiteriano-sinodal. O sínodo, reunido ao menos uma vez por ano[14], é o órgão supremo da autoridade doutrinal. A Igreja católica redescobriu com o Concílio Vaticano II a instauração do sínodo trienal dos bispos em Roma; ela desenvolveu a reunião de sínodos de bispos no contexto continental; introduziu em seu direito a nova possibilidade de sínodos diocesanos que comportam uma grande participação de leigos. No entanto, constatamos que a autoridade real reconhecida à instituição sinodal sobre o plano decisional era muito diferente de uma parte e de outra.

:: **457** :: Pedimos às autoridades da Igreja católica que favoreçam a reunião de sínodos diocesanos e que os considerem não mais um evento excepcional, mas a prática de um órgão regularmente convocado. Eles favorecerão então o engajamento dos fiéis e sua participação nas responsabilidades eclesiais e desenvolverão uma cultura sinodal nas Igrejas locais. Sua periodicidade fará amadurecer a conscientização da complexidade de alguns documentos e evitará excessos. No plano hierárquico, eles se colocarão a serviço do equilíbrio necessário na vida da Igreja entre a via descendente, que vai das autoridades em direção ao povo de Deus, e a via ascendente, que vai do povo a suas autoridades. Eles devem poder receber uma resposta pertinente às questões que apresentam.

:: **458** :: Pedimos às autoridades da Igreja católica que não temam o exercício responsável das conferências episcopais, que correspondem em grande parte à reunião dos sínodos regionais na Igreja antiga, e que reconheçam plena-

---

14. Conforme a composição descrita acima nota 16, p. 133.

mente sua autoridade doutrinal, que se exerce sempre em comunhão com a Sé de Roma. Elas são verdadeiras agentes da comunhão, não somente entre dioceses de um mesmo país ou de uma mesma região, mas ainda no seio da universalidade da Igreja católica. Elas são, de fato, um espaço de regulação e de discernimento, responsáveis pela originalidade dos ares culturais e pelo reconhecimento das legítimas diversidades.

:: **459** :: Pedimos à Igreja católica que revise o regimento do sínodo trienal dos bispos[15], que hoje é tão rígido a ponto de não mais permitir debates verdadeiros nem o destaque progressivo de uma orientação clara de seus membros sobre os temas tratados. O método de um desenvolvimento progressivo em dois tempos[16] não parece fecundo. Desejamos que esses sínodos tomem o tempo necessário a uma troca real entre bispos e à produção de um texto sinodal, como ocorria nos primeiros anos dessa instituição. Desejamos igualmente que, sobre os pontos de grande importância, lhes seja conferida uma autoridade deliberativa. Estes sínodos assumem para a Igreja de Roma o papel de instituição conciliar, eles são uma expressão forte da colegialidade.

:: **460** :: Evidentemente, não teremos a pretensão de apelar para que se reúna um concílio! Mas retomamos de bom grado o voto, expresso por diversos cardeais — em particular pelo cardeal Martini durante o Sínodo dos Bispos Europeus de 1999 —, referente "à utilidade e quase necessidade de uma troca de pontos de vista colegiada e com autoridade entre todos os bispos sobre alguns pontos cruciais que apareceram nestes quarenta anos". Ele sugeria, então, "repetir de tempos em tempos, no decorrer do século que se inicia, uma experiência de encontro universal de trocas de pontos de vista entre os bispos, que permita desfazer alguns 'nós' disciplinares e doutrinais [...] que reaparecem periodicamente como pontos de conflito no caminho das Igrejas europeias e não somente europeias"[17].

---

15. E na mesma linha o dos sínodos continentais.

16. Um tempo em que cada bispo tem a palavra, e um tempo de trabalho de grupos ao termo do qual essas palavras são retomadas de maneira sintética, sob a forma de propostas, mas sem debate real em assembleia.

17. *DC* 2213 (1999) 950, n. 3.

Entre os pontos nodais evocados, o cardeal destaca "a situação da mulher na sociedade e na Igreja, a participação dos leigos em certas responsabilidades ministeriais, a sexualidade, a disciplina do matrimônio, a prática penitencial, as relações entre as Igrejas irmãs da ortodoxia e mais geralmente a necessidade de reavivar a esperança ecumênica"[18].

:: **461** :: A questão das instâncias de expressão da autoridade doutrinal é crucial no protestantismo. O sistema presbiteriano-sinodal vai de encontro a um processo de recepção sobrecarregado pelo respeito escrupuloso de cada realidade eclesial. A tripla articulação do comunitário, do colegiado e do pessoal se coloca também na tradição protestante e requer um sério reequilíbrio. Os ministros ordenados podem desempenhar nesse campo um papel preponderante.

:: **462** :: Pedimos às Igrejas da Reforma que façam funcionar seus sínodos em um maior respeito à tradição da fé e da catolicidade da Igreja, quando tomarem uma decisão doutrinal. O laço entre as paróquias e a Igreja à qual pertencem deve ser reforçado, bem como os laços entre as Igrejas de diferentes países. Pois a autocefalia de cada Igreja ameaça encorajar uma autossuficiência eclesial devida a particularidades socioculturais nacionais mais ainda que a movimentos passageiros de opinião. É importante para um funcionamento frutífero da autoridade que as paróquias apliquem as decisões dos sínodos. Na mesma perspectiva, pedimos a essas Igrejas que tenham a coragem de conferir a seus organismos confessionais mundiais uma autoridade doutrinal reconhecida por cada Igreja, de melhor cuidar da representatividade dos delegados, a fim de evitar a precariedade das decisões sinodais, e de esclarecer a autoridade do sínodo sobre as paróquias em sua relação com a autoridade dos ministros ordenados/consagrados e dos leigos.

:: **463** :: Pedimos então às Igrejas da Reforma que desenvolvam processos decisivos inéditos, para além das Igrejas regionais e nacionais, no seio de grandes organizações confessionais. Encorajamos o desenvolvimento de "comunhões eclesiais" de Igrejas protestantes plenamente reconciliadas, sinal de que as Igrejas outrora separadas podem evoluir umas em direção às outras, tendo o

---

18. Ibid., 951.

Cristo como centro. É importante para o testemunho do Evangelho no mundo que as Igrejas possam manifestar visivelmente sua comunhão doutrinal e decidir juntas sobre o máximo de pontos possível.

IV. O que concerne às pessoas

:: **464** :: Todos reconhecemos a necessidade de uma autoridade doutrinal exercida pelas pessoas na vida da Igreja. Mas esse acordo de princípio é sem dúvida o que se choca com as maiores divergências, tanto no que se refere ao fundamento eclesiológico como em relação ao funcionamento prático desse tipo de autoridade. Não temos uma cultura comum sobre esse ponto, no que concerne aos motivos teológicos e eclesiológicos dessa autoridade personalizada. É por isso que desejamos que esforços decididos e convergentes possam aproximar nossas maneiras de agir e nos permitam assim sondar, para o futuro, possibilidades de comunhão mais completas.

1. A autoridade dos ministros

:: **465** :: Pedimos à Igreja católica que coloque em prática de forma efetiva em seu próprio funcionamento o princípio da *subsidiariedade*, sobre o qual ela refletiu e ensinou bastante em sua doutrina social[19]. Esse princípio consiste no fato de não retirar dos particulares as atribuições que são capazes de assumir por iniciativa e meios próprios, nem de transferir à autoridade superior as funções que as autoridades imediatamente envolvidas podem assumir. Nesse espírito, desejamos que os problemas e conflitos doutrinais possam ser geridos em um primeiro momento em âmbito local, ou seja, diocesano. Se o problema ultrapassa os limites de uma diocese, que seja gerido pela conferência episcopal e que só se reporte a Roma se ela não conseguir encontrar uma solução em um prazo razoável.

19. Cf. Pio XI, Encíclica *Quadragesimo anno* (1931); João Paulo II, *Centesimus annus* (1991), n. 48.

:: **466** :: Pedimos às Igrejas da Reforma que reconsiderem a desconfiança real do protestantismo em relação a toda autoridade pessoal. Em seu conjunto, elas reconhecem o ministério de um inspetor eclesiástico ou de um presidente de conselho regional, algumas mantiveram os bispos. Esses ministérios constituem o *epíscope*, ligada ao sínodo. Mas a condição de autoridade desse ministério pessoal não é suficientemente reconhecida, o que ocasiona um bom número de mal-entendidos tanto no seio das Igrejas como entre elas. Um ministério de presidência de um conselho da Igreja mais bem reconhecido constituiria um avanço decisivo no caminho para a unidade. Desejamos aqui que as Igrejas progridam sensivelmente nesse campo em prol de uma melhor articulação das três dimensões da autoridade.

:: **467** :: Pedimos às Igrejas da Reforma que reconheçam que as pessoas estão efetivamente a serviço da mediação institucional da interpretação da Escritura. No decorrer da história, os "padres" (Lutero, Calvino etc.) eram revestidos de uma autoridade como essa. Em matéria de doutrina, a autoridade dos doutores e dos pastores é em princípio claramente reconhecida e recomendada à atenção de toda a Igreja. Ela é mesmo a primeira razão de ser de seu ministério. Pastores e doutores devem articular em seu ministério a liberdade de consciência e a eclesialidade comunitária[20].

2. A autoridade doutrinal do ministério de unidade e de comunhão

:: **468** :: Em nosso documento *O ministério de comunhão na Igreja universal* tratamos amplamente da autoridade reconhecida na Igreja católica ao bispo de

---

20. Em *A instituição da religião cristã*, Calvino a evoca em termos de poder eclesiástico: "Aí está o poder eclesiástico claramente declarado, aquele que é dado aos pastores da Igreja, seja qual for o nome pelo qual são chamados: em nome da palavra de Deus, da qual eles são constituídos administradores, audaciosamente eles ousam de tudo, e contraem toda glória, superioridade e força deste mundo, de obedecer e sucumbir à majestade divina" (*IC*, IV, VIII, 9). Mas a seu ver, e contrariamente aos apóstolos, os pastores não pretenderiam ser sempre guiados pelo Espírito Santo. Essa falha maior faz que sua autoridade seja necessariamente vulnerável, incerta e provisória.

Roma. Mas não queríamos abordar então o que se refere a seu magistério doutrinal nem o ponto de grave dissensão entre Igrejas que é a doutrina católica da infalibilidade pontifical[21]. Somos conscientes de tudo o que existe de contencioso a esse respeito, por razões ao mesmo tempo históricas e doutrinais. Até mesmo os últimos papas o reconheceram. João Paulo II assim se expressou em sua carta encíclica sobre o empenho ecumênico *Ut unum sint* [Que eles sejam um], de 1995: "eu escuto a demanda que me é dirigida de que se encontre uma forma de exercício de um primado aberto a uma situação nova, mas sem nenhuma renúncia ao essencial de sua missão"[22]. Ele distingue assim a missão de fundo do ministério petrino de unidade e as modalidades variáveis de seu *exercício*. Tal distinção se aplica eminentemente ao magistério doutrinal do bispo de Roma. Esse pensamento pleno de esperança nos impele a expressar algumas sugestões e alguns desejos.

:: **469** :: Do lado das Igrejas da Reforma, algumas concebem hoje mais facilmente a oportunidade que representa para uma vida eclesial a existência de uma sé que simbolize a unidade visível e a comunhão de todas as Igrejas e que as presida sem, todavia, governá-las. Ainda que essas Igrejas estejam convencidas a permanecer fiéis ao ensinamento dos apóstolos, elas nem sempre souberam conscientizar-se do modo como sua apostolicidade deveria ser concretizada — no sentido de "ser visível" — no tempo presente. Ao retomar a distinção clássica entre Igreja visível e Igreja invisível que lhes é cara, poder-se-ia dizer que as Igrejas protestantes relegaram seu conceito de sucessão apostólica[23] ao fundo da vitrine da Igreja visível. À sua compreensão de Igreja, realidade visível e invisível, institucional e espiritual[24], as Igrejas da

---

21. Cf. *O ministério de comunhão na Igreja universal*, n. 12 e nota 9.

22. *Ut unum sint*, n. 95; *DC* 2118 (1995) 593.

23. Não quisemos retomar aqui a questão da sucessão apostólica em seus dois componentes elementares: a sucessão apostólica de toda a Igreja e a sucessão apostólica no ministério instituído pelo Senhor. Remetemos ao que foi dito nos documentos *Pela reconciliação dos ministérios* (n. 10 e 11) e *O ministério episcopal*. Cf. igualmente *Batismo, Eucaristia, ministério*, n. 34-38.

24. "De fato, tal distinção não pertence ao verdadeiro ensinamento reformado. Nós podemos afirmar juntos a ligação indissolúvel entre o invisível e o visível. Só existe uma só Igreja de Deus [...]. O Cristo,

Reforma poderiam aplicar com mais rigor o princípio da ambivalência e da simultaneidade (*simul-simul*), caro a Lutero[25].

:: 470 :: "Do lado protestante [...] constata-se frequentemente que a unidade é vista como um agregado de diversidades que na melhor das hipóteses se tolerariam mutuamente, cada uma orgulhosa de sua autonomia e de suas práticas."[26] A fragmentação das Igrejas da Reforma teve por consequência um isolamento confessional que trouxe prejuízo à unidade dessa Igreja, tal como a Escritura a concebe. É por isso que essas Igrejas são chamadas a abandonar a ideia de que a unidade invisível da Igreja, uma vez que já existe, justificaria uma simples justaposição das Igrejas, em detrimento da procura de uma verdadeira comunhão visível no seio da qual o Evangelho fosse anunciado com autoridade renovada. A coexistência pacífica não é ainda a unidade.

3. A difícil questão da infalibilidade

:: 471 :: Mesmo que a questão da infalibilidade da Igreja e, em particular, da infalibilidade pontifical continue a ser entre nós uma séria divergência, cremos não poder silenciar a esse respeito neste capítulo, sob o risco de perder nossa credibilidade aos olhos de nossos leitores[27]. É desde já que temos juntos de iniciar a caminhada rumo à solução dessa dificuldade.

---

por seu espírito, a investiu de uma missão e de um ministério no mundo [...]. Desde os tempos mais remotos, ela tem sido provida pela graça de Deus dos meios ministeriais necessários e suficientes para cumprir sua missão" (*Vers une compréhension commune de l'Église*, n. 126; *DC* 2031 [1991] 646). Essa reflexão, fruto do diálogo internacional entre católicos e reformados, convida os protestantes a aprofundar uma distinção mal percebida e fornecendo um álibi tanto mais cômodo quanto aparentemente inevitável. É esse convite ao debate que desejamos ecoar aqui.

25. Cf. acima nº 368.

26. *Pela conversão das Igrejas*, n. 190.

27. Reconhecemos certamente de bom grado que a infalibilidade pontifical formalmente exercida não é um tema da atualidade na Igreja católica, que só a fez intervir uma vez desde a definição do Vaticano I. Mas ele permanece um tema simbolicamente delicado e doloroso, razão pela qual decidimos fazer-lhe alusão.

:: **472** :: Lembremo-nos brevemente do que foi explicado no capítulo precedente[28], mas que deve sempre permanecer presente no espírito do leitor para uma justa compreensão do dogma da *infalibilidade*. A infalibilidade é no princípio e antes de tudo da Igreja como um todo, no sentido de que é a garantia da fé apostólica: é em nome dessa infalibilidade — e também mais geralmente de sua indefectibilidade[29] — que ela pode e deve posicionar-se contra enunciados que representam ameaça ao conteúdo do Evangelho. O dogma da infalibilidade pontifical deve ser interpretado levando-se em conta os dados históricos e teológicos expostos anteriormente[30]. *Não* se trata de uma infalibilidade "absoluta", nem de uma infalibilidade "pessoal", nem, sobretudo, de uma infalibilidade "separada"[31].

:: **473** :: Lembremo-nos também de que a afirmação da infalibilidade da Igreja é aceitável no meio protestante. Ela refere-se ao testemunho do Evangelho, dado pela Igreja. Para Lutero, a pregação fiel ao Evangelho ("Eis o que diz o Senhor", *Haec dicit Dominus*!) é infalível. Mas esse consenso permanece parcial, pois é contrabalanceado pela aplicação à Igreja da afirmação "ao mesmo tempo justa e pecadora" e pela dissensão referente a uma infalibilidade confiada aos homens. A infalibilidade é aquela da fidelidade de Deus à sua aliança com a humanidade, a despeito dos erros e das faltas do homens perante sua Palavra. Mesmo que a distinção feita pelos reformadores entre a "visibilidade" e a "invisibilidade" da Igreja queira destacar a dualidade paradoxal de sua realidade, a eclesiologia protestante pode afirmar que a Igreja é infalível em sua realidade de Corpo espiritual do Cristo, em sua certeza de beneficiar com a presença do Espírito sua missão apostólica atual. Paradoxalmente, essa eclesiologia pode dizer

---

28. Cf. acima n°s 387-388.

29. O exercício da infalibilidade envolve o caráter irreformável da visão afirmada sobre o tema doutrinal em questão. A indefectibilidade não envolve essa irreformabilidade. Ela indica apenas que a Igreja não errou ao propor uma doutrina reformável, ou seja, que ela não se enganou em relação a sua missão de salvação.

30. Cf. acima n°s 196-199.

31. Cf. acima n°s 203-206. Da mesma forma, "o Espírito Santo não foi prometido aos sucessores de Pedro para que eles fizessem conhecer sob sua revelação uma nova doutrina, mas para que, com sua assistência, eles guardassem santamente e expusessem fielmente a revelação transmitida pelos apóstolos, ou seja, o depósito da fé" (Vaticano I, *Pastor aeternus*, cap. IV, *DzH* 3070).

ao mesmo tempo que a Igreja é, entretanto, falível em sua realidade histórica, na certeza de ter sempre algo do que se arrepender em virtude da fraqueza e da "falibilidade" de seu testemunho humano do Evangelho de Jesus Cristo.

:: **474** :: Desejamos que a infalibilidade reconhecida ao magistério do papa só seja posta em prática em situações muito excepcionais: por exemplo, no caso em que o bispo de Roma não tivesse mais a possibilidade de consultar o episcopado, estaria conscientemente autorizado a intervir a respeito de uma grave divergência em matéria de fé — em virtude do encargo que ele recebeu e de sua responsabilidade a serviço da unidade eclesial. Mesmos nessas situações, o bispo de Roma não poderia agir sem pressupor a concordância dos bispos que estão em comunhão com ele. Tal interpretação do dogma católico nos parece respeitar seu verdadeiro sentido e impõe-se como uma necessidade na perspectiva da unidade eclesial.

:: **475** :: Pedimos ainda que a existência desse dogma não se traduza na majoração sub-reptícia da autoridade do conjunto dos documentos pontificais e daqueles da Cúria Romana. Pedimos também que os fiéis sejam encorajados a discernir os diversos graus de autoridade envolvidos nestes documentos, especialmente em razão do impacto dos meios de comunicação na apresentação das informações religiosas.

:: **476** :: Desejamos que a Igreja católica possa proceder, em um futuro próximo, a uma reformulação do dogma da infalibilidade pontifical, a fim de que este se inscreva com mais clareza em uma eclesiologia de comunhão. Essa reformulação poderia se dar no quadro de um futuro concílio, com os delegados das outras Igrejas desempenhando, então, o papel que lhes cabe.

:: **477** :: Ao atender a tal esclarecimento, a Igreja católica manterá sua prática de não a utilizar a não ser em situações excepcionais e após a consulta de toda a Igreja, que poderia ser estendida às outras Igrejas. As Igrejas da Reforma poderiam, por sua vez, aceitar que este dogma une seus irmãos e irmãs católicos, mesmo que, segundo as concepções da Reforma, não pertença à ordem das verdades de fé.

:: **478** :: Pedimos às Igrejas da Reforma que não considerem que o magistério pontifical católico está totalmente coberto pela infalibilidade. Esse amálgama é ao mesmo tempo errôneo e perigoso. As intervenções do papa em sua quase totalidade — quando ele não retoma as afirmações tradicionais da fé — são unicamente da ordem do autêntico magistério[32].

Pedimos, também, como já o fizemos[33], que as Igrejas da Reforma se questionem resolutamente sobre o ministério da unidade de toda a Igreja.

V. A circulação da autoridade

:: **479** :: Este último tema que vamos abordar atravessa todos os precedentes, pois se refere à sua articulação. As referências de superioridade e de subordinação, se necessárias, são radicalmente transformadas pelo que é o próprio centro na novidade evangélica. Elas devem ser vividas "no Senhor" e subordinadas à comunhão dos cristãos, que tem sua fonte na própria relação do Pai com o Filho na unidade do Espírito. "Nossa comunhão é comunhão com o Pai e com seu Filho Jesus Cristo" (1Jo 1,3)[34].

:: **480** :: A autoridade não é portanto para ser compreendida como o direito de alguns cristãos sobre outros cristãos (2Cor 1,24), mas como um serviço confiado pelo Senhor para que os membros do mesmo corpo partilhem a mesma fé e para que, pela qualidade de suas relações mútuas, deem juntos testemunho daquele que se faz o Servo. A ideia condutora é aqui a de um justo equilíbrio entre a via descendente e a via ascendente na regulação da fé. A Igreja católica privilegia a via descendente. As Igrejas da Reforma privilegiam a ascendente. Uma conversão deve ser vivida por ambas as partes, em sentidos opostos. Dito isso, podemos nos dirigir a todas as Igrejas juntas a fim de indicar alguns pontos de conversão.

:: **481** :: (*A regulação da fé*) O exercício da autoridade doutrinal requer procedimentos de regulação que estejam a serviço da comunhão eclesial. Essa regulação institucional deveria ser aceita por todos e poder comportar a parti-

---

32. Esse termo foi definido acima, n° 215-216.
33. Cf. *O ministério de comunhão na Igreja universal*, n. 157.
34. Cf. acima n° 293.

cipação de todos. Ela requer o aporte específico das Igrejas locais e regionais, de seus teólogos e seus pastores. Ela deve "circular" em um movimento mútuo de ida e volta entre as autoridades e o povo de Deus.

:: **482** :: Essa regulação da fé deve se exercer com um senso agudo de unidade na fé e a comunhão de todos os cristãos. Do lado católico, o ministério do bispo de Roma deve ser compreendido como um ministério de unidade e de comunhão, não somente em prol da Igreja católica, mas na perspectiva da comunhão entre todos os batizados[35]. Sua autoridade assume sentido no quadro de uma Igreja que é uma comunhão de Igrejas. Do lado protestante, o senso da fé deve visar à realização de uma verdadeira comunhão de Igrejas que comportem laços visíveis e uma autoridade em relação à Igreja universal.

:: **483** :: (*Pluralidade cultural*) A pluralidade das culturas vividas nas Igrejas por todo o mundo coloca novas consequências para a questão da regulação da fé. Ela supõe, de um lado, um confronto entre Igrejas no interior de uma mesma cultura e, de outro lado, uma troca de formulações da fé de uma área cultural para outra. As Igrejas locais e regionais têm um papel essencial em tal processo. Mas este necessita também imensamente de um ministério de presidência e de unidade que vele por sua coerência.

:: **484** :: (*A maneira de ensinar*) Nessa matéria, os autores dos evangelhos chamam nossa atenção para as formas escolhidas por Jesus para ensinar os discípulos ou as multidões: a parábola e o sermão. A *parábola* é uma linguagem de questionamento, de abertura e de liberdade. Há, a esse respeito, os que escutam e os que não escutam, uma relação ou uma recusa de relação entre Jesus e os que o escutam. A palavra de Jesus, que é verdade, só exerce autoridade quando é recebida, acolhida, reconhecida como palavra que faz aquilo que convida a fazer. Jesus ensina também sob a forma de um *sermão* que não se pode isolar da trama do relato. A ligação entre um e outro manifesta que essa "doutrina" refere-se à libertação, à cura e ao perdão. No evangelho de Mateus, o primeiro

---

35. O papa João Paulo II lembra: "O que concerne à unidade de todas as comunidades cristãs entra evidentemente no quadro dos encargos que sobressaem do primado" (*Ut unum sint*, n. 95; *DC* 2118 [1995] 593).

discurso começa pelas "Bem-aventuranças", palavras que declaram e prometem a felicidade e a alegria do Reino. Essas "maneiras" de falar pertencem à verdade do que é dito e permitem que se conceda autoridade a tais palavras.

:: **485** ::   Nós pedimos a todas as nossas Igrejas que falem de preferência "ao coração" de seus fiéis e dos homens e mulheres de nosso tempo, que tenham uma palavra estimulante, capaz de colocar na estrada os "peregrinos" da fé. Que a forma do testemunho, do anúncio de uma boa-nova e do apelo à verdadeira alegria suscite o desejo de crer e venha equilibrar os inevitáveis chamados normativos. Na catequese, que a consideração do acesso à fé e do caminho da fé esteja sempre presente e constitua uma pedagogia que leve à integralidade da fé.

:: **486** ::   (*O consenso diferenciado*) Voltamos ao método do consenso diferenciado ao qual estas páginas referiram-se em várias ocasiões. Mais que desejar a mesma ordenação e a mesma totalidade dos elementos doutrinais, não seríamos nós convidados a *discernir juntos como e quanto o "fundamento" é atestado e visado por cada um de nossos conjuntos doutrinais, ao mesmo tempo complexos e originais*? Não estaria aqui a porta aberta para entrar em comunhão com as outras Igrejas que apresentam um outro tipo de coerência doutrinal? O fato de João Paulo II ter chamado de "Igreja irmã" a Igreja assíria do Oriente[36], que não tem, no entanto, nem o mesmo cânon das Escrituras, nem os mesmos sete sacramentos, indica a fecundidade de tal abordagem[37]. Poderíamos caminhar assim em direção a um modelo de unidade, assumindo a lógica dos consensos diferenciados da qual nos tornamos hoje capazes.

Conclusão: a serviço de uma unidade ao mesmo tempo dada e por fazer

:: **487** ::   *O Novo Testamento atesta que a unidade dos cristãos após a morte de Jesus é enraizada na unidade de Jesus com Deus (Jo 17,11.21-22) e que a Igreja,*

---

36. Declaration christologique commune entre l'Église catholique et l'Église assyrienne de l'Orient, *DC* 2106 (1994) 1069-1070.

37. Cf. H. LEGRAND, Le consensus différencié sur la doctrine de la justification. Augsburgo 1999, *NRT* 124 (2002) 45, n. 31.

como corpo do Cristo, é una (Rm 12,5; 1Cor 12,13.27; Gl 3,28), pois o Cristo não é dividido (cf. 1Cor 1,13), da mesma forma como há um só Espírito (cf. 1Cor 12,4; Ef 4,4). A unidade da Igreja é portanto dada, previamente a todo esforço humano para curar as fraturas existentes e promover a plena comunhão entre as Igrejas[38]. O discurso sobre a unidade se reveste assim de um caráter dialético. Visto que afirmamos sua presença, é necessário acrescentar que ela não está ainda aí, e visto que a aguardamos é preciso dizer que sua presença é a base de toda espera. Nessa perspectiva, a conversão em uma interpretação mais ampla da unidade da Igreja consiste em escutar e se apropriar de outras vozes oriundas da Igreja universal que testemunham a riqueza inesgotável do Evangelho. Porque a unidade da Igreja se refere à unidade da obra de Jesus Cristo morto e ressuscitado, ela permanece escondida e ao mesmo tempo prometida: escondida porque está coberta pela sombra da cruz; prometida porque só se manifestará plenamente no momento em que a luz pascal tiver definitivamente dissipado as trevas do pecado da humanidade. Como na partida, a unidade dos cristãos será também, nesse momento, dada. Entre esses dois tempos, a tarefa das Igrejas é promovê-la e vivê-la como um sinal de antecipação do Reino que virá, sob a pena de renegar sua vocação privilegiada a serviço do mundo e da humanidade.

---

38. Cf. São Cipriano: "Este sacramento da unidade, este laço de uma concórdia indissoluvelmente coerente nos é representado no Evangelho por essa veste do Senhor Jesus Cristo, que não foi dividida nem rasgada, mas que, sorteada para saber quem revestiria o Cristo, chegou intacta [ao vencedor,] que dela tornou-se dono, sem que fosse estragada nem cortada em pedaços" (*De unité de l'Église catholique*, trad. P. de Labriolle, Paris, Cerf, 1942, par. 7, p. 15).

CONCLUSÃO

:: **488** ::   Ao final deste estudo, que tenta lealmente posicionar-se sobre a evolução de nossas tradições quanto à expressão da autoridade doutrinal, que nos faz revisitar juntos os dados da Escritura e põe em relevo o que nos une fundamentalmente no enunciado da doutrina, bem como o que nos diferencia na prática e no exercício da autoridade, não é possível propor uma conclusão definitiva, uma vez que o assunto é complexo e toca no âmago da vida de nossas Igrejas, em suas evoluções constantes.
Entretanto, *duas convicções* nos são presentes:

:: **489** ::   Em uma sociedade como a nossa, em que as referências se tornam cada vez mais fluidas, em que o individualismo domina de bom grado, em nome da consciência, toda referência comum, em que as esperanças pessoais e coletivas não são das mais florescentes, torna-se ainda mais urgente para as Igrejas proclamar a fé e divulgar suas convicções profundas. Talvez em nossa situação de minoria vivamos um tempo comparável ao da primeira Igreja, com suas testemunhas corajosas e seus mártires, mas que não exclui, pelo contrário, uma palavra de autoridade em nome da fé que nos anima. Não esqueçamos, no entanto, que "estabelecer autoridade", neste tempo como no tempo de Cristo, será sempre da ordem da proposta, convincente e convencida, e não da imposição hegemônica.

:: **490** :: Se é bem verdade, como o demonstra este estudo, que não se podem confundir a autoridade doutrinal e as formas institucionais de seu exercício, nossas Igrejas — católicas e protestantes — têm ainda de percorrer um longo caminho de diálogo, exigente e fraterno. Uma das grandes questões ecumênicas atuais e futuras, a questão colocada a todas as Igrejas, nestes tempos de fraternidade reencontrada, será a da eclesialidade reconhecida às outras tradições. Enquanto essas Igrejas determinarem, cada uma por sua vez, os critérios de uma boa eclesialidade ou de um concreto exercício do magistério, enquanto cada uma declinar seu bom direito eclesiológico e ressaltar nas outras suas faltas ou seus excessos, não sairemos dos impasses ecumênicos atuais e não progrediremos em direção à unidade prometida e já dada em Cristo.

:: **491** :: Constatamos que estamos unidos a respeito dos pontos fundamentais da fé, sobre os textos que expressam autoridade e sobre o papel da autoridade doutrinal. No que concerne ao próprio exercício da autoridade, nossas Igrejas colocam em jogo os mesmos elementos, mas segundo lógicas, organizações e ordenamentos diversos. Assim, resta determinar juntos os critérios da eclesialidade: em quais condições as Igrejas podem se reconhecer mutuamente como "Igrejas irmãs"? Essa nos parece ser a grande tarefa do diálogo ecumênico. Tudo isso deve nos dar a coragem do exame honesto de nossas respectivas tradições, em suas infrações ou suas faltas, em seus traços particulares e nas caricaturas das outras Igrejas que elas ainda veiculam.

:: **492** :: Há tempos o Grupo dos Dombes convida à "conversão das Igrejas"; isso transparece em cada um de seus estudos, como um chamado urgente a cada cristão e às Igrejas em suas vidas comunitária e institucional. Trata-se aí para todos de um esforço verdadeiro de "retorno", em que, para além dos bons sentimentos, deixar as margens seguras pode conduzir para as águas profundas de uma nova fecundidade espiritual, sem renegar o melhor de sua tradição particular.

:: **493** :: Muitas das propostas deste texto apontam para um horizonte ainda distante. Um discernimento e uma vigilância se impõem para que essas propostas de conversão não se transformem em sonhos inacessíveis e ineficazes. Etapas ou objetivos intermediários devem ser, portanto, vislumbrados. Mas, uma vez que a viagem já começou, cada um pode facilitar-lhe o curso e apressar o término. A abertura e a transformação do corpo das Igrejas estão em gênese no corpo de todo cristão, de toda paróquia, de todo grupo, ecumênico ou não. O senso mais justo de uma autoridade conforme ao Evangelho, o reconhecimento mútuo de nossas respectivas eclesialidades dependem também da qualidade de nossos encontros e de nossas colaborações.

:: **494** ::   Tal experiência de conversão "graças ao outro" pede que, no mínimo, não se confunda ecumenismo com uma simples coexistência pacífica, aí onde a vizinhança a impõe. Ela supõe ainda e sempre a partilha da fé e da oração, a comunhão das alegrias e dos sofrimentos da cada Igreja, as conversões necessárias de linguagem, sem limitar tudo isso à semana que, a cada ano, nos chama.
Trata-se, portanto, de multiplicar as experiências permitindo sentir e apreciar a eclesialidade do outro[1] e de tomar decisões comuns o mais frequentemente possível[2].

:: **495** ::   Como acaba de dizer nosso estudo sobre a autoridade doutrinal e após alguns textos de comissões de diálogos teológicos oficiais, essa mudança de olhar, esse "retorno" e essa conversão tornam-se indispensáveis para a causa da unidade. O saudoso Bruno Chenu concluía assim seu último livro: "Cada cristão é chamado a ser um 'pequeno irmão universal' ou uma 'pequena irmã universal' no local em que está plantado. Seria uma bela contribuição da mundialização se abrisse cada ser humano a uma identidade não de oposição e de exclusão, mas de relação com os outros, na consciência da alteridade legítima e da semelhança inapagável, para que por fim, na dinâmica paulina e ireniana, 'Deus seja tudo em todos' (1Cor 15,28)"[3].
É esta também nossa prece e nosso paciente combate, juntos e cada um em seu lugar na vida de nossas Igrejas.

---

1. Cf. na *Charte oecuménique européenne* (22-4-2001), os compromissos assumidos nos n. 2-7; DC 2250 (2001) 585-586.
2. Cf. J.-M. TILLARD, Quelle communion?, *Documents episcopat* 8 (jun. 1995).
3. B. CHENU, *L'Église será-t-elle catholique?* Paris, Bayard, 2004, p. 159.

LISTA DE PARTICIPANTES
Participaram da elaboração deste texto ao longo dos encontros de 1999 a 2004 na Abadia de Pradines:

Padre Jean-Noël Aletti

Pastor François Altermath

Padre René Beaupère

Padre Yves-Marie Blanchard

Pastor Daniel Bourguet

Padre Dominique Cerbelaud

Pastor Marc Chambron

Padre Jean-François Chiron

Pastor Gill Daudé

Padre Michel Deneken

Padre Claude Ducarroz

Irmã Françoise Durand

Padre Michel Fédou

Pastor Flemming Fleinert-Jensen

Padre Christian Forster

Pastor Michel Freychet

Pastor Daniel Fricker

Padre Paul Gay

Pastor Gottfried Hammann

Padre Joseph Hoffmann

Irmã Nathanaël Kirchner

Pastor Guy Lasserre

Padre Pierre Lathuilière

Pastor Michel Leplay

Padre Michel Mallèvre

Pastor Alain Massini

Irmã Christianne Méroz

Pastor Willy-René Nussbaum

Pastora Elisabeth Parmentier

Pastor Jacques-Noël Pérès

Irmã Anne-Marie Petitjean

Padre Pierre Remise

UM ÚNICO MESTRE

Padre Louis Michel Renier

Pastor Antoine Reymond

Padre Bernard Sesboüé

Pastor Jean Tartier

Pastor Geoffroy de Turckheim

Pastor Denis Vatinel

Pastor Gaston Westphal

ABREVIAÇÕES

ARCIC   Anglican-Roman Catholic Intemational Commission.

BA   Bibliothèque augustinienne, Paris, DDB.

BEM   Foi et Constitution, *Baptême, eucharistie, ministère. Convergence de la foi,* Centurion/Presses de Taizé, 1982.

CH   Ireneu de Lyon, *Contre les hérésies,* trad. A. Rousseau, Paris, Cerf, 1984.

CO   *Calvini opera quae supersunt omnia,* éd. Baum, Cunitz, Reuss, "Corpus Reformatorum", Brunschwick, Schwetske, 1863-1900.

DC   *La documentation catholique,* Paris.

DV   Vaticano II, Constituição *Dei Verbum*.

DHGE   *Dictionnaire d'histoire et de géographie ecclésiastiques,* Letouzey, Ané, Paris, 1967.

DzH   H. Denzinger, *Symboles et définitions de la foi catholique,* 38e éd., bilíngue, éd. P. Hünermann, J. Hoffmann, Paris, Cerf, 1996.

FEgLuth.   A. Birmelé, M. Lienhard (éd.), *La foi des Églises luthériennes,* Genève/Paris, Labor et Fides/Cerf, 1991.

HE	Eusébio, *História eclesiástica*.
IC	Calvino, *Institution de la religion chrétienne,* nova ed. La société calviniste de France, Genève, Labor et Fides, 1955-1958.
LG	Vaticano II, Constituição *Lumen Gentium*.
NRT	*Nouvelle Revue théologique,* Bruxelles.
Oeuvres	Lutero, *Oeuvres*, Genève, Labor et Fides, 1957.
PG	Patrologia Graeca (J.-P. Migne), Paris.
PL	Patrologia Latina (J.-P. Migne), Paris.
RSR	*Recherches de Science religieuse,* Paris.
SC	Coleção Sources Chrétiennes, Lyon/Paris, Le Cerf.
UR	Vaticano II, Decreto *Unitatis redintegratio* sobre o ecumenismo.
WA	*Weimarer Ausgabe*, ed. alem. completa da *Obras* de Lutero, H. Bohlaus, 1883.

ÍNDICE DAS CITAÇÕES BÍBLICAS

Os números remetem aos parágrafos do texto.

Antigo testamento

Isaías

11,9: **335**

54,13: **335**

Novo testamento

Mateus

4,1-11: **236**
4,23-25: **237**
7, 28-29: **234**
7,29: **235**
8,8-9: **234**
9,6: **238**
10,1: **242**
10,5-16: **242**
10,32: **29**
11,28: **235**
13,54: **234, 237**
14,28-31: **248**
14,31: **249**
15,15: **248**
16,16-19: **248**
16,17-18: **249**
16,17-19: **248**, n. 3
17,24-27: **248**
18,17: **243**
18,18: **243**
18,21: **248**
20,28: **250**
21,23: **234, 235**

21,23-27: **239**
23,8-11: **246**
23,34: **246**
28,18-20: **4**

Marcos
1,21: **436**, n. 6
1,22: **234**
1,27: **235**
2,10: **238**
6,2: **234**
6,7: **242**
11,27-33: **239**
11,28: **234**

Lucas
4,31-37: **436**, n. 6
7,7-8: **234**,
9,1: **242**
10,16: **252**
10,19: **252**
20,1-8: **239**
22,24-27: **246**
22,26-27: **252**
22,32: **206**
24,47-48: **253**

João
1,12: **291**
2,20: **298**
2,27: **298, 300**
3,16-17: **291**
3,19-21: **291**
4,1-6: **300**
5,27: **29**
16,27: **291**
6,45: **335**
6,69: **436**, n. 6
9,22: **292**
10,1-18: **301**
10,18: **290**
10,48: **129**
12,42: **292**
13,15: **294, 427**
13,23-26: **293, 294**
14,6: **294**
14,12: **296**
14,15–18,26: **296**
15-18: **292**
15,1-7: **301**
15,26: **296**
15,26-27: **296**
16,2: **292**
16,7: **296**
16,12-15: **296**
17: **451**
17,1-2: **290**
17,11: **487**
17,21-22: **487**

19,10-11: **290**

19,26-27: **293**

19,27: **294**

19,35: **293**

20,8: **293**

20,21: **297**

20,22-23: **297**

20,30-31: **290**

21,15-19: **295, 300**

21,21-24: **293**

21,24: **295, 300**

Atos dos apóstolos

1,8: **253, 254**

1,22: **255, 258**

2,14-39: **319**, n. 2

8,36-38: **319**, n. 2

9,15: **258**

9,18: **258**

15,6-7: **260**

15,11: **260**

15,28: **260**

18,5: **319**, n. 2

18,28: **319**, n. 2

21–28: **261**

26,16: **258**

Romanos

1,1: **266**

9: **265**

10,9: **319**, n. 2

12,5: **487**

1 Coríntios

1–4: **264**

1,1: **266**

1,13: **487**

4,9-15: **267**

5,4-5: **273**

7,10: **270**

7,12: **270**

8,6: **319**, n. 2

11,21: **271**

12,3: **319**, n. 2

12,4: **487**

12,13: **487**

12,27: **487**

15,28: **495**

15,3-5: **319**, n. 2

12,4-6: **319**, n. 2

2 Coríntios

1,1: **266**

1,24: **480**

3: **265**

3,2-3: **268**

12,9-10: **272**

13,4: **272**

Gálatas

1,1: **266**

2,2: **269**

2,14: **260, 269**

3,28: **269, 487**

Efésios

3,5: **274**

4,4: **487**

4,4-6: **319**, n. 2

5,2: **275**

5,21: **275**

Filipenses

2,11: **319**, n. 2

3,15: **274**

1 Timóteo

1,3: **276**

1,4: **277**

1,10: **277**

1,11: **281**

1,11 s.: **277**

1,19: **276**

2,5-6: **319**, n. 2

2,6 s.: **277**

3,1-13: **282**

3,2: **288**

3,6: **284**

3,7: **285**

3,10: **284**

3,14: **279**

4,6: **280**

4,12: **284**

4,13 s.: **279**

4,14: **280**

5,14: **285**

5,17: **288**

5,22: **284**

6,11: **280**

6,12: **280**

6,13: **285**

6,13 s.: **289**

6,20: **276**

2 Timóteo

1,3: **278**

1,9: **277**

1,12: **276, 278**

1,14: **276**

2,2: **277**

2,8 s.: **277**

2,18: **287**

2,19-21: **280**

2,21: **283**

2,23: **277, 280**

2,24: **280**

3,10-17: **280**

3,12: **280**
3,17: **280**
4,2: **449**
4,3: **277**
4,6: **280**
4,8: **278**
4,10: **280**
4,12: **280**
4,16: **280**
4,18: **278**

Tito

1,7: **282, 283**
1,9: **276, 277, 284, 287, 288**
1,1-4: **277**
1,14: **277**
2,1: **277**
2,5: **285**
2,8: **285**

2,10: **285**
2,12: **289**
3,8: **280**
3,9: **277**
3,14: **280**

1 João

1,1-4: **293**
1,3: **479**
2,18-19: **292**
2,20: **213, 335**
2,22: **319**, n. 2
2,27: **213, 298, 335**
4,2: **319**, n. 24
4,2-3: **292**

2 João

7: **319**, n. 2

Este livro foi composto nas famílias tipográficas
Apollo MT e *AG Old Face*
e impresso em papel *Offset 75g/m²*

Edições Loyola

editoração   impressão   acabamento

rua 1822 n° 347
04216-000 são paulo sp
T 55 11 2914 1922
F 55 11 2063 4275
www.loyola.com.br